Guillaume

FAREL

Guillaume
FAREL

JASON ZUIDEMA

ÉDITIONS IMPACT

230, rue Lupien
Trois-Rivières (Québec)
Canada G8T 6W4

Édition originale en anglais :
William Farel
Copyright © 2014 par Jason Zuidema
Publié par EP Books
Faverdale North, Darlington
DL3 0PH, Angleterre

Pour la version française :
Guillaume Farel
© 2015   Publications Chrétiennes Inc.
              230, rue Lupien
              Trois-Rivières (Québec) G8T 6W4
              Canada

Traduction : Nathalie Surre

Traduit et publié avec permission

Tous droits réservés

Dépôt légal – 1ᵉʳ trimestre 2015
ISBN : 978-2-89082-247-4

Dépôt légal :   Bibliothèque et Archives nationales du Québec
                 Bibliothèque et Archives Canada

À

Geneviève, Kaleb et Jula

Table des matières

Préface

Tous projets d'écriture, même s'il est modeste comme celui que vous avez en main, supposent que l'on rende hommage à un certain nombre de collègues, amis et membres de la famille.

Certains travaux de recherche à l'origine de cette brève publication avaient déjà été entrepris pour la rédaction d'un livre coécrit avec Théodore Van Raalte, intitulé *Early French Reform: The Theology and Spirituality of Guillaume Farel* [Début de la réforme française : théologie et spiritualité de Guillaume Farel] (Ashgate, 2011). Je tiens à témoigner ma gratitude à Van Raalte pour ses vifs encouragements relatifs à ce projet ultérieur.

Je remercie également le personnel de l'Institut d'histoire de la Réformation, à Genève, ainsi que le personnel du « H. Henry Meeter Center for Calvin Studies », à Grand Rapids, pour leur collaboration à l'occasion de mes nombreuses visites effectuées au cours de la dernière décennie. Leur accueil et leurs encouragements n'ont fait qu'agrémenter mes recherches sur les débuts de l'époque moderne.

J'exprime ma reconnaissance à l'égard des Éditions Impact pour l'occasion qu'ils m'ont offerte de servir cet essai « miniature » aux lecteurs francophones qui préfèrent étudier l'histoire de l'Église de Christ par petites bouchées.

Merci à mes amis et collègues de l'Université Concordia, de l'Université McGill, de la Faculté de théologie réformée Farel, et de l'Église Réformée du Québec, pour leur précieux soutien. Je remercie Richard Lougheed, Théodore Van Raalte et A. Donald MacLeod de m'avoir livré leurs observations sur la première version de ce travail. Je remercie mon collègue David Rozeboom pour son service désintéressé auprès de moi et de son entourage. Merci aux membres de mon église et à mon pasteur, Winston Bosch, pour leurs paroles bienveillantes dans les moments chaotiques.

Ma famille est devenue plus précieuse à mes yeux au fil des années. Mes parents et mes beaux-parents ont été des modèles d'amour et de bienveillance. Ma femme, Anna, m'aime en dépit de mes nombreuses failles ; elle m'apprécie au présent, malgré mon intérêt pour le passé. Quant à mes enfants, à qui je dédie ce livre, ils ne cessent de m'épater par leur grâce et leur créativité. J'espère qu'ils apprécieront la lecture de cet ouvrage une fois qu'ils auront appris à lire.

Jason Zuidema

Introduction

L a courte biographie qui suit se veut informative et
inspirante. Cela dit, elle n'est pas écrite comme une
simple hagiographie, l'histoire de « saint » Farel, dans
laquelle le personnage serait toujours partant pour défendre
héroïquement la vérité et accomplir à coup sûr la volonté
de Dieu. Je considère, certes, Farel comme un « saint », en
raison de sa déclaration de foi selon laquelle il fut purifié
par le sacrifice de son Sauveur. Il est, sans conteste, un
personnage clé dans la formation des Églises réformées
ainsi que dans le développement du réseau des prédicateurs
réformés francophones de l'Europe du xvie siècle. Je pense,
néanmoins, que le fait de se limiter à l'évocation de ses
« triomphes » n'offre au lecteur qu'une perception restreinte
de l'histoire, le privant ainsi d'explications ou d'inspiration.

Un exposé fidèle de la vie de Farel n'est pas juste le récit
de ses avancées prodigieuses pour l'Évangile dans l'Europe
francophone ; il inclut également la présentation du contexte
dans lequel il remporta ces victoires : conflits musclés
avec des paroissiens ou des collègues, anxiété chronique
relative aux progrès de ses adversaires théologiques,
et terribles souffrances à l'annonce du décès d'anciens
paroissiens aux mains des forces armées catholiques, ou

pire encore, de leur retour au catholicisme romain. En bref, Farel était indubitablement un homme extraordinaire, bien qu'étonnamment ordinaire, dont les combats furent le lot de la plupart des évangélistes et pasteurs tout au long de l'histoire chrétienne. Son épopée est une source d'inspiration, pas une recette de « méthodes » pour missionnaires. Elle se révèle utile à ceux d'entre nous qui vibrent à l'écoute du message fondamental de Farel : rester centré sur le Dieu susceptible d'utiliser des « vases d'argile » pour répandre le grand trésor de l'Évangile.

Farel en personne nous indiquerait cette voie. Il serait sans doute enclin à interpréter sa vie comme l'histoire d'un homme qui, autrefois égaré dans son appréciation des œuvres vertueuses de l'homme, devint entièrement dépendant de la grâce de Dieu. Ce genre d'épisode n'était pas rare au XVIᵉ siècle : telle fut également la compréhension du moine catholique changé en réformateur, Martin Luther (1483-1546). Il inspira la Réforme dans l'Europe entière, consécutivement à sa condamnation de la pratique catholique des ventes d'indulgences. Soulignons que Farel, alors simple étudiant en théologie à Paris, fut l'un des premiers francophones à faire écho à la protestation de Luther. Dans les années 1520, Farel changea radicalement de position : il délaissa son appréciation générale de la piété catholique de sa jeunesse pour adopter une attitude profondément protestataire, décision qui, selon lui, était inspirée par la simple lecture de l'Écriture. Son évolution propre lui insuffla une passion pour l'instigation d'une réforme basée sur l'Évangile dans les pays francophones, et ce, jusqu'à la fin de sa vie. Il vit le changement à travers le prisme de la grâce de Dieu.

De plus, tout comme le récit de Farel nous rappelle l'Acteur divin, nous devrions nous souvenir de lui dans l'ombre de celui dont il se retrouve si souvent, à savoir Jean Calvin. La place de Calvin a pris une telle ampleur dans l'histoire théologique, atteignant un tel sommet dans son programme de réformes, que la nature de ses relations avec autrui, comprenant son manque de patience, ses discordes et ses mauvaises décisions, est devenue secondaire ou tout simplement négligée. Quand on évoque le rôle de Farel, c'est généralement en vue de préfacer l'œuvre de Calvin (il a détruit le bâtiment théologique en décomposition, Calvin a édifié le nouveau ; autrement dit, Farel est un « bulldozer », Calvin, un « architecte »), ou pour servir de tremplin à la théologie de Calvin (c.-à-d., thèse catholique romaine — antithèse farellienne — synthèse calviniste). Ces grands récits peuvent se révéler utiles quand on aborde l'histoire de l'Église de Christ, mais ils ne sont pas nécessairement cruciaux pour comprendre les motivations de Farel dans des circonstances particulières. Le pourquoi et le comment du déroulement réel des événements dans le passé comprennent sans doute beaucoup plus d'explications « ordinaires » qu'il n'y paraît. Le plus souvent, ces hommes se contentaient, pour reprendre l'expression commune, « d'avancer à tâtons ». En tout cas, nous verrons que les efforts de ces réformateurs, malgré leurs faiblesses et le péché en cause, ne purent être efficaces pour l'avancement de l'Évangile que dans la mesure où ils furent mus par l'Esprit de Dieu.

J'espère que cette biographie sommaire vous aidera non seulement à mieux apprécier la complexité et la complémentarité du réseau des réformateurs du xvıᵉ siècle, mais aussi à vous laisser inspirer par le Dieu qui utilise des gens brisés ordinaires pour favoriser l'avancement de l'œuvre admirable et prodigieuse du royaume des cieux.

Deux remarques s'imposent avant de nous immerger dans cette histoire :

Tout d'abord, j'ai essayé, autant que possible, de préserver l'orthographe française des noms, et non leur variante latine, allemande ou anglaise.

Deuxièmement, dans un souci de fluidité, j'ai omis les notes en bas de pages, bien qu'elles se réfèrent au travail acharné de nombreux érudits des siècles précédents. Sollicitant votre indulgence, je vous renvoie donc à la section « lectures complémentaires », située à la fin de ce bref exposé, et vous invite à vous documenter sur ce réformateur à la barbe rousse.

Chronologie

1489	Naissance à Gap, en France
1509	Entreprend des études à Paris
1517	Reçoit le titre de « Maître ès arts », et enseigne au Collège du Cardinal-Lemoine
1517	(Luther appose ses quatre-vingt-quinze thèses sur les indulgences)
1521	Devient prédicateur laïque à Meaux, sous la direction de l'évêque Guillaume Briçonnet
1523-1524	Entre en conflit à Bâle [avec Érasme] et rédige une brochure intitulée Le Pater noster et le Credo en françoys
1525	Se rend à Strasbourg
1526	Prêche sur le territoire bernois
1528	Débat à Berne (janvier) et avant-projet de la liturgie réformée française
1529	Publie Sommaire et brève déclaration
1530	Réforme à Neuchâtel
1531	Recrute Pierre Viret
1533-1538	Réforme à Genève

1534	L'Affaire des Placards, à Paris
1536	Recrute Jean Calvin ; débat à Lausanne
1538-1565	Fait office de pasteur à Neuchâtel
1549	Voyage avec Calvin, à Zurich, pour négocier les accords de Zurich (mai)
1558	Épouse Marie Thorel
1561-1562	Mission à Gap
1565	Décès à Neuchâtel (le 13 septembre)

chapitre 1

Vivre la réforme
(1489-1521)

Guillaume Farel est né en 1489, dans la ville de Gap, située dans le Dauphiné, en France. Son grand-père, François, et son père, Antoine, sont des notaires au service de l'Église catholique locale ; ils ont amassé une petite fortune, même s'ils sont essentiellement de souche paysanne. Outre le fait d'être l'employeur du père, l'Église catholique occupe une place prépondérante dans la famille Farel. Anastasie, la mère, semble affectionner tout particulièrement cette Église et ses traditions ; elle compte, dans sa famille proche, un évêque et un prieur dans un institut monastique. Antoine et Anastasie ont sept enfants : François, Gaucher, Claude, Jean-Gabriel, Jean-Jacques, Guillaume et Philippines. Ils seront plusieurs à devenir prêtres. Farel analysera avec concision la relation entre la piété de ses parents et les

enseignements de leur Église, quand il écrira, plus tard :
« Ma mère et mon père croyaient tout. »

Dans le quart sud-est de la France actuelle, située à un carrefour alpin, la ville de Gap s'érige à près de 745 mètres au-dessus du niveau de la mer. La cité est traversée par la Luye. Fondée à l'origine par les Gaulois, la ville se retrouve, jusqu'au xrᵉ siècle, sous domination romaine, puis médiévale ou catholique romaine. Vers la fin du Moyen Âge, la région connaît, durant plusieurs siècles, une plus grande autonomie grâce aux avantages économiques liés à la présence de la papauté à Avignon, au cours du xivᵉ siècle et du début du xvᵉ siècle. Vers le milieu du xvᵉ siècle, c'est-à-dire peu de temps avant la naissance de Farel, le roi de France oblige les nobles locaux à lui prêter le serment d'allégeance, unissant directement la ville et sa région à la France.

En réalité, le Dauphiné est l'un des nombreux territoires, autrefois indépendants, sur le point d'être intégré comme province subordonnée à la couronne de France. Tout au long de l'époque moderne, les rois de France vont, par divers moyens, mettre ces petits territoires sous leur contrôle, et les incorporer à un ensemble administratif. Cependant, même si les rois ont la ferme volonté de créer un état centralisé à partir de ces provinces, la France demeure, durant cette période, comme une mosaïque composée de différents privilèges locaux et de spécificités historiques.

La région, christianisée depuis au moins le vᵉ siècle, a développé une forte hiérarchie catholique. L'évêque de Gap exerce un pouvoir considérable à part entière ; il a le soutien d'un clergé imposant composé de prêtres, de religieux et de religieuses, qui font la promotion de la doctrine catholique romaine traditionnelle. En fait, Gap pourrait être retenu comme l'exemple typique d'une ville démystifiant l'idée fausse largement répandue que l'Église catholique romaine était très chétive avant la Réforme. Les réformateurs peuvent, certes, faire valoir l'état de « faiblesse » de la théologie catholique, dans le sens où elle ne représentait guère ce qui, selon eux, incarnait la moralité ou la spiritualité authentique. Néanmoins, elle n'était pas « chétive » concernant la fréquentation des églises catholiques ou la pratique des rituels religieux. En vérité, la piété populaire catholique était florissante dans de nombreuses localités, y compris dans ce modeste bourg qui vit naître le jeune Guillaume.

Cela explique le fait que Farel, jeune homme, n'a pas juste « découvert » la religion à l'université, étant donné qu'il a passé toute sa vie dans une atmosphère religieuse rigide. Ce n'est pas nécessairement un environnement religieux positif, même si la plupart des gens semblent se satisfaire des traditions religieuses ayant fait partie de leur culture catholique romaine depuis des générations. Cela est important, car par la suite, l'enseignement réformé de Farel ne sera pas prêché dans un contexte de vide culturel ou religieux, mais en contraste direct avec la culture catholique et la piété, qui ont si profondément imprégné la société française.

Farel ne tardera pas à critiquer la piété de sa jeunesse, mais à l'époque, cette culture catholique fait partie intégrante de son identité. Dans un exposé plus tardif, postérieur à sa conversion, Farel raconte la « première idolâtrie notable » dont il se souvient. Là, il relate son pèlerinage à une montagne située près de la ville de Tallard, où il vit, en

France. À l'époque, il est très impressionné par ce qui lui a été présenté comme étant un morceau de bois de la croix sur laquelle Christ fut crucifié. On prétend également, de façon tout aussi remarquable, que si ce morceau de la vraie croix est déplacé ou dérobé, il retournera miraculeusement à sa place. La croix est donc perçue comme une confirmation physique et directe de la présence de Christ dans cette Église catholique ; elle est, sans nul doute, garante de bénédictions pour la région et ses habitants.

Farel déclare que cette piété est typique de son enfance, et qu'elle constitue également l'arrière-plan qui lui donnera matière à douter, plus tard dans sa vie. La « vraie croix », celle vue à Gap, est faite d'un bois très sombre et rugueux. Or, un autre morceau de la « vraie croix », qu'il verra plus tard à Paris, dans la Sainte-Chapelle, est issu d'un bois léger et lisse. Comment les deux morceaux de bois, sensiblement différents, peuvent-ils provenir de la même « vraie croix » ? Inévitablement, c'est à ce moment-là que la supercherie lui apparaît à la fois évidente et malheureuse pour les pauvres gens qui n'en sauront rien.

Bien qu'affectionnant la piété catholique, il ne reçoit pas nécessairement d'éducation approfondie dans ce domaine ou dans toute autre matière. Sa scolarité consiste essentiellement à apprendre les bases de la lecture, de l'écriture, des mathématiques et de la religion, ce qui est loin d'être suffisant pour envisager des études supérieures. Certains membres de sa famille pensent que son caractère déjà bien trempé, comparable à celui d'un croisé, le prédispose à devenir un grand soldat… Sans doute l'eut-il été. Pourtant, malgré le manque d'éducation, et grâce à certaines relations de son père, il part pour Paris, avec l'intention d'entreprendre des études supérieures en théologie. Il est en retard par rapport à ses camarades au début de son parcours académique, mais il aura suffisamment d'énergie pour avancer.

N'ayant connu que la vie dans la région essentiellement rurale des environs de Gap, Farel est très impressionné par la taille et la congestion des grandes villes de France. Le jeune étudiant est aussi intimidé par les dimensions phénoménales et la variété des églises. Tant lors de sa traversée de Lyon qu'à Paris, Farel est stupéfait par le nombre d'églises faisant retentir leurs « cloches jour et nuit ». Pourtant, il est déçu de constater que cette présence soutenue de la religion, même à l'université parisienne de renommée mondiale, ne suscite pas nécessairement une profonde piété chez les Parisiens. Farel est surpris par une tolérance apparente de ce qu'il considère être des formes choquantes d'immoralité. En outre, il ne tarde pas à se rendre compte que de nombreuses sommités de la grande université ne sont pas tant intéressées par la religion, mais bien par les salaires et les privilèges qui vont de pair avec leurs fonctions au sein du gouvernement et de l'Église.

L'Université de Paris est un réseau de petites facultés, toutes reliées à l'Église, à divers degrés. La plus importante d'entre elles est la Faculté de Théologie, à laquelle ont enseigné beaucoup de théologiens célèbres, tels que Josse van Clichtove (mort en 1543) et Guillaume Budé (mort en 1540). Les études à l'université ne sont pas toujours faciles, en partie à cause de leur rigueur académique, mais aussi en raison du renouvellement continu du personnel.

D'une année à l'autre, les élèves peuvent bénéficier de possibilités ou d'expériences très diverses en fonction de la disponibilité d'un professeur.

L'éducation des étudiants se fait majoritairement par l'écoute ou la participation à des débats. L'importance de ces débats publics confère une importance capitale à l'apprentissage des techniques de la logique. C'est à la fois la force et la faiblesse du programme : les théologiens sont connus pour leur capacité à bien défendre la doctrine *chrétienne* en public, mais aussi pour leur capacité à bien défendre *n'importe quelle* doctrine en public. Ces théologiens n'auront pas d'impact déterminant sur la théologie de Farel. En fait, il se fera le critique des « bêtes de la Sorbonne », plus tard dans sa carrière de réformateur.

Alors que la plupart des étudiants entreprennent leurs études à Paris à quatorze ou quinze ans, Farel les entreprend en 1509 à l'âge de vingt ans. En outre, la plupart des élèves terminent leurs études en cinq ou six ans ; Farel y consacrera huit années. Il recevra majoritairement les enseignements d'un bibliste vieillissant de plus en plus impopulaire : Jacques Lefèvre d'Étaples (1460-1536). Lefèvre aura une influence formatrice et durable sur Farel. Lefèvre, prêtre et érudit « humaniste », donne des conférences à l'Abbaye de St-Germain-des-Prés, à quelques pas de la cathédrale Notre-Dame et de l'Université de Paris. Lefèvre a résidé dans cette communauté spirituelle pendant plusieurs années, et maintient un lien étroit avec son supérieur, l'abbé Guillaume Briçonnet (1472-1534), lequel deviendra l'évêque de Meaux, en 1516.

L'influence durable de Lefèvre sur Farel vient de l'importance qu'il accorde à l'étude de l'ensemble des fondements de la pensée chrétienne. Lefèvre a beaucoup en commun avec l'érudit humaniste plus célèbre, Érasme de Rotterdam (1466-1536), même si les deux affichent des désaccords. Bien que Lefèvre demeure officiellement membre de l'Église catholique jusqu'à sa mort, il critiquera fréquemment les traditions héritées de l'interprétation biblique. En outre, il évoluera vers un renouveau de la piété intérieure qu'il préférera aux démonstrations pompeuses de dévotion si courantes à Paris. Par exemple, Lefèvre privilégiera la conversion et la piété personnelle au détriment de la dévotion aux saints. Sa préoccupation première sera de concentrer son attention sur Jésus-Christ, ainsi que le lui révélera sa lecture de l'Écriture. Par exemple, lorsque Lefèvre interprète les Psaumes de l'Ancien Testament, sa préoccupation majeure est de trouver l'objectif principal derrière chaque verset et chaque mot, à savoir l'annonce du salut de l'homme en Christ.

Ainsi, lorsque le jeune et impétueux Farel croise sa route, Lefèvre l'encourage à lire l'Écriture pour mieux comprendre la façon de canaliser ses énergies. Plus tard dans sa vie, Farel rapportera que Lefèvre lui disait qu'il serait témoin du « renouvellement du monde ». Avec Lefèvre comme enseignant, Farel étudie l'hébreu, le grec et la philosophie ; il suit également des cours sur les épîtres de l'apôtre Paul. À propos de Lefèvre, Farel dira plus tard : « Quant à Jacques Lefèvre d'Étaples, homme bon, je peux dire, en vérité, que, préalablement à la manifestation de l'Évangile que nous avons expérimentée à notre époque, je ne connaissais personne comme lui, et je remercie Dieu de m'avoir donné d'essayer de marcher dans ses pas. »

Lefèvre guidera Farel tant sur le plan spirituel que sur le plan professionnel. C'est en effet grâce à Lefèvre que Farel occupera un poste de régent au Collège du Cardinal-Lemoine, après avoir obtenu sa maîtrise ès arts, en 1517. Source de soutien considérable pour le jeune maître, cela va lui donner également le temps de réfléchir plus posément à ses convictions théologiques. Ce n'est pas qu'il traite de ces idées publiquement dans ses classes ; les cours qu'il donne à ses étudiants sont probablement des cours d'initiation à la grammaire et à la philosophie. Cependant, il semble tout à fait évident que ce poste d'enseignant lui permet un temps de réflexion et de lecture. Lefèvre a ouvert la voie à Farel en lui permettant de remettre en question la piété telle que promue lors de ses jeunes années et de ses études à Paris, mais ce sont les bruits d'une révolution théologique en Allemagne qui vont l'aider à franchir le pas.

Martin Luther, moine augustin, a vécu une expérience étonnamment similaire à celle de Farel. Enseignant à l'Université de Wittenberg, Luther est, lui aussi, de nature assez remuante. Un « père » bien-aimé de la religion catholique l'encourage à lire l'Écriture. Cette étude intensive de l'Écriture oblige Luther à remettre en question l'instruction catholique, d'autant que, selon son expérience, elle finit par rendre les gens hostiles à Dieu, au lieu de les pousser à l'aimer. L'amour de Dieu n'est pas quelque chose que l'on peut s'exercer à mériter ; c'est un don attribué gratuitement au croyant sur la seule base de la mort expiatoire et de la résurrection de Jésus-Christ. La justification du pécheur ne peut être acquise par les « œuvres, souligne Luther, quand bien même le pape en personne le décidait ». En revanche, elle est accordée au moyen de la foi, qui est elle-même un don de Christ. Aussi, lorsque le pape proclame que des « indulgences » pourront être *achetées* de façon à réduire la peine causée par les péchés dans cette vie-ci, et même après la mort, c'est, pour Luther, un outrage direct à ce que Christ a gracieusement *accordé*.

Les idées de Luther n'atteignent pas la France en une seule fois. Des rumeurs concernant son enseignement commencent à circuler peu après sa présentation des quatre-vingt-quinze thèses sur les indulgences visant à provoquer un débat public, à l'automne 1517. De surcroît, après que les rapports initiaux du moine renégat aient commencé à faire leur chemin dans les principaux cercles théologiques en Europe, le mécontentement gagne de nombreux théologiens catholiques, sans épargner ceux de la Faculté de théologie de l'Université de Paris. Luther leur apparaît tel un homme obstiné et confus… deux caractéristiques d'un hérétique. De leur point de vue, l'enseignement de Luther manque de respect à la sainte Tradition de l'Église. En outre, il représente un affront direct à l'autorité des théologiens de leur rang, c'est-à-dire ceux dûment formés et légitimement appelés à interpréter la Tradition.

Pourtant, bien que rejetées par les théologiens officiels, la théologie et la piété de Luther gagnent la faveur de personnes à Paris, comme Farel. La méfiance croissante vis-à-vis de cette piété extérieure ainsi que son étude personnelle de l'Écriture encouragent Farel à la conversion. Des décennies après les événements, Farel parlera de sa conversion dans une lettre ouverte à ceux qui l'ont accompagné dans son changement de perspective. Pendant un certain temps, dit-il, il avait cru que le pape était le « porte-parole de Dieu ». Comme indiqué plus haut, il avait une grande foi dans les pèlerinages, les images, les vœux et la piété catholique traditionnelle. En fait, Farel écrira plus tard que longtemps sa foi en l'enseignement catholique ne faisait que s'affermir à mesure que sa lecture de l'Écriture le remettait en question. Bien que certaines pratiques allaient devenir moins importantes, il mettrait plus de temps à se débarrasser de « l'enchantement » de la messe, « à cause de l'adoration du pain et du vin », qui était si séduisante qu'elle l'a « longtemps aveuglé ».

C'est uniquement grâce à la lecture assidue et passionnée de l'Écriture qu'il vient à bout, écrira-t-il par la suite, de la « mauvaise racine de détention satanique », et qu'il voit que la messe et autre piété catholique ne figurent pas dans l'Écriture, car elles ne sont, en réalité, qu'une forme d'« idolâtrie répugnante ». En effet, à la suite d'une étude prolongée de l'Écriture et grâce à l'enseignement pur et simple qu'il y découvre, il est de plus en plus scandalisé par son altération enseignée et pratiquée dans l'Église catholique. Farel écrira que plus il étudiait l'altérité dans l'instruction, plus il détestait la doctrine de la papauté en raison de son caractère « diabolique »… et la « Sainte Parole de Dieu commença à avoir le premier lieu en mon cœur ».

Il lira l'Écriture de manière intensive pendant trois ou quatre ans avant de prendre de l'assurance. Les « mérites » humains devant Dieu, l'utilité de l'intercession des saints, la bienveillance de la papauté, le sacrifice de la messe, toutes ces choses, il les jugera défaillantes. En 1521, Farel estime que ses seules bases solides sont désormais l'enseignement explicite de l'Écriture et la grâce de Dieu offerte gratuitement en Jésus-Christ. Fait intéressant, toutefois, et contrairement à la description de Jean Calvin concernant sa propre « conversion inattendue », au début des années 1530, Farel écrira que sa conversion s'est produite au fil du temps : « Là fut du tout ébranlée la papauté en mon cœur. »

Ce changement de convictions opérant, Farel ressent peu d'envie de continuer à enseigner au Collège du Cardinal-Lemoine. Lefèvre lui suggère alors de considérer l'intérêt à devenir prédicateur laïque dans le cadre d'un projet de réforme de l'Église, dans le diocèse de Meaux, situé à quelques lieues de là, à l'est de Paris. Guillaume Briçonnet, l'évêque du diocèse récemment nommé, a invité Lefèvre à former un cénacle de prêtres et de prédicateurs susceptible de revigorer une piété plus intime et centrée sur Christ parmi les laïcs. Briçonnet a déjà tenté de promouvoir la réforme avec le clergé de son diocèse depuis 1518, mais il est de plus en plus consterné par leur manque de volonté à améliorer l'instruction religieuse. Bien que l'évêque Briçonnet ne soit pas vraiment admirateur de Luther, il se rend bien compte de la décadence au sein de l'Église, et désire ardemment une réforme, sans toutefois rompre avec elle. Pour lutter contre l'ignorance qui nourrit l'immoralité des laïcs dans son diocèse, il cherche à promouvoir la prédication et la lecture de la Bible dans la langue du peuple. Par conséquent, il a besoin d'hommes suffisamment formés pour comprendre l'enseignement de la Bible, et aptes à bien communiquer en français.

L'équipe de Lefèvre comprend, outre sa propre personne, Gérard Roussel, François Vatable, Martial Mazurier,

Pierre Caroli et Farel. Tous ces hommes sont des prêtres et des enseignants formés à l'université, versés dans le latin, les langues et la théologie, et suffisamment éloquents en français pour communiquer au peuple. Briçonnet ira même jusqu'à demander aux plus savants d'entre eux, à savoir Lefèvre, Roussel et Vatable, de traduire des parties de la Bible latine, et de produire des textes brefs pouvant être lus en guise de sermons par ceux qui n'ont pas accès à un prédicateur régulier. Il semble que cette équipe commence à former de jeunes hommes pour servir dans les villes où se fait sentir la même soif de réforme des mœurs. Les premières tentatives de l'équipe sont très positives : elles s'avèrent être d'un grand soutien à un diocèse dont le clergé et les laïcs sont « prodigieusement ignorants ».

Farel n'est ni un prêtre ordonné ni un théologien reconnu ; il ne peut donc avoir la charge officielle d'une paroisse. En revanche, il a l'occasion de faire office de prédicateur laïque dans l'un des trente-deux postes de prédication du diocèse. Apparemment, au cours des premiers mois, Farel est heureux d'avoir l'occasion de prêcher le message de la réforme. Mais en poursuivant sa mission, il commence à ne pas se sentir à sa place. Au cours des précédentes années d'études à la fois de l'Écriture et de la théologie d'autres réformateurs, Farel s'est forgé une ferme opinion à l'égard des cérémonies et des observances traditionnelles de la piété catholique médiévale, lesquelles, selon lui, sont fondamentalement défaillantes. Réformer en douceur les mœurs des prêtres et des laïcs du diocèse est insuffisant. Selon l'avis de Farel, une réforme draconienne de l'enseignement à la base même de la pratique catholique s'impose si l'on veut assister à une véritable métamorphose.

Se contenter de ne pas froisser les sentiments des théologiens catholiques les plus conservateurs n'est pas acceptable : le cénacle de Meaux se doit de les affronter ouvertement. Or, Lefèvre et Briçonnet ne partagent pas cet avis. Selon eux, la réforme doit s'effectuer lentement et en parfait accord avec l'Église de Rome.

Bien que limité à Meaux, Farel se met à développer l'idée de réformer l'ensemble de l'Église en France. Ce qui n'est pas possible à Meaux pourrait bien se produire ailleurs, estime-t-il. Ainsi, en 1522, Farel quitte Meaux pour rejoindre sa ville natale de Gap, afin d'être une source d'édification, selon ses espérances, pour une ville qui ne connaît pas encore l'enseignement de la volonté de Dieu conforme à l'Écriture.

Sans doute Farel arrive-t-il chez lui avec grand désir de réformer sa ville. Pourtant, il n'y est pas accueilli à bras ouverts. Il souhaite prêcher librement, mais faute d'avoir professé des vœux monastiques ou reçu l'ordination sacerdotale, il n'a aucune légitimité pour prêcher. Néanmoins, il semble être disposé à partager sa compréhension de l'Évangile avec tous ceux qui souhaitent l'écouter. La plupart le congédient sur-le-champ, constatant que son enseignement est entièrement nouveau et en contradiction avec l'enseignement chrétien de rigueur. Il est bientôt obligé de quitter la ville, et condamné publiquement pour ses opinions hérétiques.

Cela dit, tout n'est pas perdu. Certes, beaucoup de membres de sa famille prennent conscience que la piété du fils et du frère qu'ils ont connue avant son départ pour Paris a changé de manière considérable. C'est alarmant pour la plupart ; pour d'autres, en revanche, ce n'est que le début de leur découverte de ce même Évangile que Farel a compris. En outre, à la suite d'une tournée de prédications de Farel, un homme de la région, Anémond de Coct, se convertit à la cause protestante. En 1523, il quittera Gap pour intégrer l'Université de Wittenberg afin d'y étudier avec Luther. Farel et de Coct resteront en contact pendant un certain nombre d'années.

Malgré ces transformations subséquentes, la grande vision de Farel pour une réforme draconienne dans sa ville natale semble avoir échoué. Peut-être ne sachant que faire, Farel décide de revenir à Meaux, où il peut encore participer à une sorte de réforme. Mais l'évêque Briçonnet se montre encore moins enthousiaste pour l'ambitieux programme de Farel. Briçonnet, étant mal à l'aise avec l'« hérésie » luthérienne, et subissant la pression des théologiens de Paris, est de plus en plus réticent à l'idée de permettre à ses prédicateurs de prêcher leur version du message biblique « sous l'apparence de la piété ». Briçonnet sait que le simple fait qu'un prédicateur proclame un message de la Bible n'en garantit pas nécessairement son fondement biblique.

Farel prend conscience qu'il est inutile de prolonger son séjour à Meaux. Peu de temps après, il rentre à Paris pour présenter son message à de vieux amis et collègues. Privé de source de revenu stable, il vit grâce aux maigres ressources qu'il peut trouver. Bien que plusieurs de ses amis se réjouissent de l'entendre, il constate que depuis son départ, qui remonte à quelques années déjà, Paris et ses théologiens se sont laissé conquérir par une piété catholique qui encourage les œuvres ostentatoires au détriment d'un enseignement biblique explicite. En outre, il apprend rapidement que même la réforme de Meaux a pris fin. Briçonnet tolérait, avec modération, des prédicateurs qui, selon lui, restaient dans les limites de l'enseignement catholique. Malgré cela, des théologiens catholiques conservateurs font valoir que sa disposition est considérée comme une incitation à l'hérésie et à la ruine de l'Église. Dans les mois qui suivent la dissolution de ce cénacle de prédicateurs à Meaux, plusieurs parmi ceux qui avaient précédemment œuvré à la réforme sont condamnés et persécutés.

Les portes se ferment et Farel ne peut se déplacer librement dans Paris ou dans l'une des villes environnantes. Il sait bien que ce qui vient d'être condamné à Meaux ne sera sûrement pas accueilli dans les autres centres catholiques français. Par conséquent, il quitte Paris pour la Guyenne, région située dans le sud-ouest du royaume, afin d'y trouver un auditoire favorable. Une fois de plus, il est refoulé. Le clergé régional a vite fait de trouver sa prédication offensive. Un moine est tellement furieux qu'il chasse carrément Farel de l'une des villes où il prêche.

Farel ne peut prêcher à Gap. Il ne peut davantage prêcher à Meaux. Il n'est plus en mesure de prêcher à Paris. Il lui est interdit de prêcher en Guyenne. Farel ne peut plus prêcher en France.

Pourtant, il a le devoir de prêcher.

chapitre

2

Apprendre à réformer l'Église (1522-1526)

Farel ne peut tout simplement pas se présenter dans une ville pour y prêcher. Comment la réforme peut-elle donc avoir lieu ? Comment les gens entendront-ils parler de la grâce de Dieu, s'il n'a pas la liberté de prêcher ? Où va-t-il apprendre à réformer l'Église de France ? Au cours des prochaines années de sa vie, il tentera, avec plus ou moins de réussite, diverses méthodes pour encourager la réforme ; il les reproduira avec plus de succès au cours de la décennie suivante. En outre, durant ces années, il formera un réseau de réformateurs de même sensibilité, susceptibles de l'aider à trouver un moyen d'opérer une réforme durable dans la francophonie.

L'œuvre de la réforme dans les villes de France semble momentanément impossible ; Farel est intéressé par les possibilités qu'offre la ville suisse de Bâle. Avec sa célèbre université, Bâle a attiré de nombreux érudits internationaux, des théologiens et des idées invitant au débat. Bien que la ville adopte la réforme officiellement qu'à la fin des années 1520, elle restera longtemps connue pour sa tolérance à l'égard des idées religieuses concurrentes. Elle sera particulièrement souple, du moins par rapport à la plupart des villes d'Europe de l'époque, et permettra aux imprimeurs de publier des livres présentant des idées controversées. Les imprimeurs de Bâle seront à l'origine d'une grande partie de la littérature, qui deviendra un appui considérable pour la réforme en langue française (plusieurs textes de Farel y seront aussi imprimés, ainsi que la première édition de *L'Institution Chrétienne* de Jean Calvin, en 1536).

Farel a la chance d'être chaleureusement accueilli par Jean Husschin, dit Œcolampade (1482-1531), brillant prédicateur et humaniste, attiré par des idées de la réforme similaires à celles du réformateur de Zurich, Ulrich Zwingli (1484-1531), quelques années auparavant. Œcolampade a travaillé en étroite collaboration avec l'humaniste Érasme (lequel vit en ville à l'époque), en qualité d'assistant à la rédaction de l'édition du Nouveau Testament d'Érasme en grec. Mais au fur et à mesure qu'il adopte des attitudes plus radicales sur la réforme, les relations de travail entre Œcolampade et Érasme commencent à connaître des tensions. C'est en novembre 1522, juste avant l'arrivée de Farel en ville, qu'Œcolampade devient prédicateur de l'Église Saint-Martin, et professeur de théologie à l'université (un poste qu'il occupera jusqu'à sa mort). À partir de là, Œcolampade entreprend plus librement des actions visant à réformer sa paroisse, puis sa cité, tout comme ce fut le cas pour la réforme à Zurich, avec Zwingli. (Parenthèse intéressante : l'engagement d'Œcolampade dans la réforme est confirmé par son mariage avec Wibrandis Rosenblatt, en 1528, alors veuve depuis peu, à la suite du décès de l'érudit Ludwig Keller. Après la mort d'Œcolampade, en 1531, Wibrandis épousera le réformateur Wolfgang Capito. Après le décès de ce dernier, en 1541, elle se remariera avec le réformateur Martin Bucer, en 1549. Elle aura un enfant avec Keller, trois avec Œcolampade, cinq avec Capito, et deux avec Bucer ! Elle restera seule avec ses onze enfants jusqu'à sa mort, en 1564). Grand érudit de la Bible, en particulier des textes hébreux, Œcolampade réaffirme chez Farel l'intérêt pour le message biblique et le désir de prêcher. Œcolampade aide Farel à façonner son message réformateur, tout en le guidant dans la direction que va prendre son action pour le restant de ses jours.

Pour le commun des mortels qui s'intéresse à la réforme, la littérature édifiante disponible alors se caractérise par une abondance de livres en langue germanique (grâce au dynamisme des mouvements de réforme allemands) et, inversement, par une grande pénurie d'ouvrages en langue française. Luther parvient à rédiger et à imprimer une quantité considérable de littérature au cours des quelques années qui suivent le début de son élan pour la réforme. Indubitablement, Luther est l'un des premiers à utiliser la presse écrite pour promouvoir sa cause, à la fois en latin et en allemand. Les chiffres sont éloquents : avant 1517, il sort, en moyenne, moins de 100 livres imprimés en allemand chaque année. Toutefois, ce nombre passe à 600 en 1520, puis à près de 1 000 en 1523. Cela n'échappera pas aux réformateurs œuvrant dans d'autres zones géographiques. Farel sera l'un des premiers réformateurs à tester le marché francophone.

En 1524, Farel compile un bref commentaire intitulé *Le Pater noster et le Credo en françoys*, livret destiné à stimuler une piété simple et dépouillée des violations catholiques. Il y conserve néanmoins le vocabulaire le plus important de la Tradition. Cette petite brochure, imprimée à Bâle, est bien accueillie et sera rééditée un certain nombre de fois. La spiritualité du petit traité de Farel est marquée par les idées qu'il continuera de promouvoir tout au long de sa carrière : la relation personnelle du croyant avec Dieu, l'accent placé sur la dépendance totale du croyant vis-à-vis de Dieu, et la sanctification intérieure du croyant par le Saint-Esprit.

Le défaut de littérature francophone sur la réforme est en outre pallié par la publication d'une autre petite brochure de Farel, intitulée l'*Épistre chrétienne très utile*. Ce petit traité explique les bases de ce que doit être, selon lui, une piété biblique. Le plus important reste son principe méthodologique directeur : « Nous devons recevoir l'enseignement de l'Écriture sans rien ajouter d'humain, car la Parole de Dieu est si pure, si claire, si parfaite, que rien ne peut lui être adjoint. Pour cette raison, vous devez vous rappeler la règle que je vous ai si souvent enseignée : faites que ce que le Seigneur Dieu vous commande de faire, vous ne devez rien y ajouter, et rien y retrancher. »

Bien que soutenu par Œcolampade, le ministère public de Farel à Bâle est marqué par un conflit avec l'humaniste Érasme. Malgré le grand respect de Farel pour l'érudition humaniste, il est cependant troublé par l'aversion croissante d'Érasme pour ce que Farel considère comme une réforme nécessaire. Aux yeux de Farel, Érasme est très fort pour critiquer les problèmes relatifs au catholicisme, mais se garde bien de faire le nécessaire pour changer la donne. Farel va se forger son opinion sur Érasme grâce, en particulier, à la publication de l'exomologèse de ce dernier. Cet ouvrage semble très problématique pour Farel en ce qu'il admet le caractère extrabiblique de certaines pratiques sacramentelles catholiques, comme la confession auriculaire, sans toutefois en exclure leur usage au sein de l'Église. Farel propose donc un débat public pour le 23 février 1524, en vue de faire avancer les choses. Les thèses de ce débat reflètent ses priorités en matière de réforme : la loi explicite de Christ dans l'Écriture, le mariage s'appliquant à tous, le problème des coutumes juives dans la tenue vestimentaire, l'usage ou l'abus d'aliments et de cérémonies, l'importance de la prière simple en langage commun, un appel à la sainteté sacerdotale, l'importance continue des commandements de Christ, la justification par la foi et non par une volonté propre ou par le mérite, la bonne distinction entre la modération et la liberté chrétienne, et l'adoration du chrétien vouée à Dieu seul. La préoccupation majeure de Farel est qu'un enseignement pur et faisant autorité de l'Écriture doit être la source d'une éthique chrétienne en dépit de l'opinion humaine, fut-elle celle du pape.

Ces sujets sont vastes et considérés factieux. Quand l'évêque catholique local l'apprend, il s'empresse d'interdire ce débat sous peine de lourdes sanctions. À cause de cette menace, personne ne souhaite participer au débat, qui sera annulé le 23 février. Pourtant, un certain nombre de personnes du gouvernement ne partagent pas l'avis de l'évêque. Ils désirent en savoir davantage sur les idées de

Farel ; ils permettent donc que ce débat ait lieu, quelques jours plus tard, le 3 mars. Une grande foule se rassemble. Apparemment, Farel n'est pas ménagé par ses adversaires ; cela dit, comme c'est souvent le cas dans un débat, il parvient à le tourner à son avantage. Œcolampade, par exemple, apprécie les arguments de Farel, tout en regrettant qu'il soit probablement trop offensif dans ses commentaires. Un certain nombre de personnes trouvent que le débat leur permet de clarifier leur pensée sur les idées de la réforme.

Le débat est apprécié par une poignée d'auditeurs et décrié par un grand nombre. Parmi eux, Érasme, agacé par cette discussion qu'il discrédite depuis le début. Érasme redoute que cela génère un précédent regrettable ; il pense qu'il n'est pas sage de donner un auditoire à Farel, homme qu'il considère comme démagogue. Chose plus importante encore, cependant, Érasme soutient que la supervision de ce genre de débat relève de l'Église (c'est-à-dire de l'évêque) et non du gouvernement local.

Farel répond à ces critiques en traitant Érasme de « caméléon » et de « Balaam » corrompu, au fait de la vérité, mais refusant de s'y plier. Érasme, n'étant pas du genre à prendre à la légère le fait que sa réputation soit mise en doute, confronte publiquement Farel, en mai ou juin 1524, pour exiger des explications. Farel rédige des satires dirigées contre Érasme, ce qui ne manque pas d'envenimer la situation. Par la suite, Érasme ne désignera plus Farel par « Pharellus » (la forme latinisée de son nom), mais par « Phallicus ».

Cela dit, Farel continue de faire avancer son projet de réforme. Son accueil à Bâle touche à sa fin : le contenu et le ton de ses sermons en présence de divers groupes, en particulier les exilés de France, sont signalés aux autorités. Les magistrats locaux sont très tolérants pour les normes de l'époque, mais Farel dépasse les bornes. Érasme, immensément respecté par certains dirigeants de Bâle, n'est pas près d'oublier l'attitude de Farel à son égard. Quand il apprend que Farel continue d'agiter le peuple en vue d'une réforme apparemment violente de l'Église, il persuade les hauts dignitaires de l'expulser de la ville. Farel reçoit donc une lettre du conseil exécutif début juillet, lui notifiant qu'il est prié de quitter la cité sur-le-champ, de sorte qu'il n'a même pas le temps de plier bagage. Fait intéressant, le grand humaniste continuera à suivre les actions de Farel au cours des années suivantes ; il ne ratera jamais l'occasion de dénigrer le réformateur, rappelant à ses lecteurs que Farel est un menteur séditieux.

Son expulsion de Bâle ne modère en rien sa quête de réforme. Bien que privé de l'appui d'un grand nombre au sein de la communauté universitaire de Bâle, Farel continue de jouir du soutien d'Œcolampade et de la communauté croissante de ceux qui se sont engagés à réformer l'Église. Farel sera encouragé par Œcolampade à poursuivre son œuvre réformatrice parmi ses collègues francophones, à plusieurs moments clés de sa carrière. Le réformateur de Bâle rappellera ainsi au Français, et ce, à maintes reprises, de concentrer ses énergies sur les bonnes cibles en évitant de s'emporter pour un rien. En outre, c'est Œcolampade qui suggérera à Farel que le meilleur moyen de poursuivre la réforme en France est de se rendre dans les territoires francophones contrôlés par la ville voisine suisse de Berne. Par-dessus tout, cet « appel » d'Œcolampade incitant Farel à travailler dans les villes francophones sera le fondement de la défense de Farel au cas où serait remise en question son absence d'ordination sacerdotale ou pastorale.

Peu après son départ précipité de la ville, Farel entend parler d'une occasion intéressante. Un noble allemand, Ulrich de Wurtemberg (1487-1550), est favorable à la réforme ; il a récemment établi sa résidence sur ses territoires français, à Montbéliard (située à une courte distance à l'ouest de Bâle), après quelques difficultés rencontrées sur ses territoires allemands. Farel lui écrit en lui faisant la demande de prêcher, et reçoit l'invitation d'Ulrich à se rendre sur place. Le travail est colossal, mais Farel l'accomplit avec sa passion habituelle. La tâche de Farel consiste à prêcher dans l'Église du château, une église rendue célèbre au fil des siècles par le nombre de reliques précieuses (lait et cheveux de la Vierge Marie, cheveux de Marie de Magdala, pierre sur laquelle le Christ s'est assis, pierre sur laquelle Jean-Baptiste a été décapité, pierre utilisée pour lapider Étienne, morceau de pain de la sainte Cène, et, chose incroyable, particules de terre à l'origine même de la formation d'Adam !) Ce contexte contribuera probablement à accroître l'ardeur de Farel ; il aura néanmoins l'occasion de se réjouir que tant de gens semblent avoir « soif de l'Évangile », et que le duc en personne soit apparemment favorable au soutien de cette entreprise.

Œcolampade et d'autres amis à Bâle sont un peu plus inquiets. Ils avertissent Farel de modérer sa prédication. En effet, il n'est pas dans son intérêt de perdre le soutien d'Ulrich. Certes, ces amis-là se réjouissent de son franc succès, mais ils voudraient le voir porter du fruit, et pas juste saisir des occasions de semer la Bonne Parole. Peu de temps après avoir eu vent des premiers résultats de Farel,

Œcolampade lui écrit pour l'encourager non seulement à informer les gens, mais à les rendre meilleurs, c'est-à-dire à faire d'eux de véritables « sages » enseignés par Dieu. Farel doit impérativement se souvenir que si l'apprentissage d'une nouvelle doctrine reste accessible, c'est la puissance de Dieu qui transforme les cœurs. Dans une lettre, il conseille ainsi Farel : « Plus vous étiez prédisposé à la violence, plus vous deviez vous exercer à la douceur, et modérer vos éclats léonins par la réserve de la colombe. » « Ces hommes veulent être conduits, non entraînés », poursuit Œcolampade, car « je sais que vous serez un médecin, non point un bourreau ». L'idée de base est que Farel doit se concentrer sur le fait d'amener les âmes à Christ, et pas se contenter de les éloigner d'un danger perçu.

S'il apprend à se modérer, c'est tout de même une retenue très pugnace ! À ce stade de sa carrière de prédicateur, il ne peut tout simplement pas se résoudre à laisser les catholiques tels qu'ils sont, les enjeux étant beaucoup trop importants. Il critique particulièrement le clergé local qui, selon lui, garde les habitants de Montbéliard captifs. Après avoir entendu parler de la nouvelle offensive de Farel en faveur de la réforme, Œcolampade lui écrit nouvellement à la mi-août. À coup de paroles dures, il reproche à Farel de ne pas faire son devoir : il n'est pas appelé à maudire les gens, mais à répandre l'Évangile ! Farel ne doit pas autoriser son zèle à lui faire perdre de vue la réalité de la faiblesse humaine : ses auditeurs n'ont pas tous des « âmes de voleurs ». La différence est grande entre un messager enjoué de la Bonne Nouvelle et un législateur tyrannique.

Comme il faut s'y attendre, le style de réforme de Farel produit de fervents adeptes et de fervents ennemis. Un disciple notable est un noble de Metz de passage (Metz est situé au nord de Montbéliard) ; convaincu par le message de Farel, il initie, une fois rentré chez lui, un petit groupe de croyants. Des critiques notables fusent principalement du clergé catholique. À une certaine occasion, plusieurs d'entre eux interrompent Farel en plein milieu d'un sermon pour remettre en question sa théologie. Le même jour, dans une autre église, un franciscain prêche contre la doctrine de Farel. À la grande satisfaction de Farel, ce prédicateur le met au défi de participer à un débat public.

La somme de travail à accomplir a vite fait de devenir trop grande pour Farel. Un jeune prédicateur allemand passe du temps à ses côtés pendant près d'un mois, puis un Français de la région devient aumônier pour Ulrich. Cet homme sert la sainte Cène pour Ulrich et encourage Farel à faire de même pour les autres paroissiens. Dans un premier temps, Farel hésite, mais capitule rapidement en voyant sa congrégation grandir. C'est une étape majeure dans son œuvre réformatrice : il n'est plus juste question de démolir les idoles, mais de fournir un soutien aux nouveaux convertis. En outre, malgré sa critique acerbe à l'égard des prêtres catholiques, il a encore beaucoup de respect pour l'Église institutionnelle, y compris pour des pratiques telles que l'ordination et les sacrements. Comme indiqué plus haut, il soutient qu'Œcolampade l'a légitimement « appelé » à faire l'œuvre d'un évangéliste, et que, dans ce cas, il célèbre le sacrement « par nécessité ». Il n'est plus désormais un simple prédicateur ou évangéliste, mais un pasteur.

Le travail de Farel se poursuit avec succès durant les mois d'hiver, mais ne peut continuer. Ulrich protège certes Farel, mais les gouverneurs voisins se mettent à faire pression sur lui en vue d'expulser le réformateur. Plus important encore, Ulrich regagne son territoire d'origine, en Allemagne, où les difficultés d'autrefois sont écartées. Faisant face à ces pressions et ne bénéficiant plus de la protection directe d'Ulrich, Farel quitte la ville en mars 1525.

Après quelques semaines passées à se déplacer incognito pour rendre visite à des amis à Bâle, Farel part pour l'un des centres croissants de la réforme située à la frontière de la France, à savoir la ville de Strasbourg. Là, il y demeure en compagnie de Wolfgang Capiton (1478-1541), autrefois moine, et désormais réformateur de la ville depuis 1523. Comme la plupart des autres contacts de Farel, Capito est un érudit humaniste ayant étroitement collaboré avec Érasme ; cela dit, il est également attiré par la critique plus acerbe de Luther à l'égard de l'Église catholique. Son activité littéraire se poursuit après qu'il eut ouvertement déclaré son appartenance au mouvement de la réforme. Il produira une grammaire hébraïque en 1525, ainsi que des commentaires en latin sur un certain nombre de livres de l'Ancien Testament.

Capito ne tarde pas à présenter Farel aux autres réformateurs de la ville, en particulier Martin Bucer (1491-1551). Bucer est un moine issu de l'ordre des dominicains ; il a été influencé par l'enseignement de Luther après l'avoir entendu lors du débat de Heidelberg, au printemps 1518. Il devient prêtre séculier en 1521, se marie, et réforme une petite ville alsacienne. Puis il gagne

Strasbourg en tant que réfugié excommunié, en mai 1523. Fait intéressant, Bucer, profondément influencé par la pensée de Luther, appréciait également certaines idées des réformateurs de Zurich, même des théologiens les plus radicaux. La profonde piété personnelle de Bucer et sa vision théologique irénique vont enrichir la pensée de Farel sur un certain nombre de points, en particulier sur l'activité de l'Esprit Saint dans la vie du chrétien. Par la même occasion, Farel sera également introduit par Bucer, Capiton et les réformateurs de Strasbourg à la fracture de plus en plus franche, et aux tentatives de réconciliation, entre Luther et Zwingli.

À Strasbourg, Farel a aussi l'heureuse fortune de retrouver son ancien mentor, Lefèvre, ainsi que nombre d'autres partisans francophones de la réforme, ayant fui la France en raison de la répression consécutive au projet de la réforme de Meaux. Malgré leur méfiance vis-à-vis du zèle impétueux de Farel, les esprits plus doux des réformateurs de Strasbourg les encouragent, même si la théologie de Strasbourg est plus ou moins identique à celle de Farel. Leur présence à Strasbourg donne à ce groupe de réformateurs l'occasion de réfléchir aux ressources nécessaires à la réforme. Outre le besoin de prédicateurs fiables, ils conviennent d'un commun accord qu'une bible française est plus que nécessaire. Ainsi, à partir d'octobre 1525 jusqu'en avril 1526, les érudits réformateurs de ce petit groupe, en particulier Lefèvre, réalisent leurs travaux sur une traduction qui sera finalement imprimée à Anvers, à la fin de la décennie. Cette œuvre ne devient pas nécessairement la bible des réformateurs français ; elle n'en demeure pas moins la première traduction française complète de la Bible.

Elle aurait tout aussi bien pu être utilisée par les catholiques français (étant donné qu'il s'agit d'une traduction de la Vulgate latine et non des textes hébreux et grecs), si ce n'est que la préface de Lefèvre va s'attirer le mécontentement de certains théologiens de Paris.

Tandis que se poursuit le travail de ces hommes à Strasbourg, une petite fenêtre d'espoir s'ouvre pour la France, grâce à Marguerite de Navarre (1492-1549), la sœur de François Ier, roi de France. Bien éduquée et influente à l'égard de son frère, Marguerite a commencé à protéger les humanistes et les réformateurs qui se sont attiré les foudres des théologiens officiels de Paris. Son remarquable réseau de dévots inclut bon nombre des plus célèbres poètes français, universitaires et réformateurs du xvie siècle. En outre, en raison de la défaite à la bataille de Pavie (le 24 février 1525), et de l'emprisonnement de son frère à Madrid jusqu'à l'année suivante, Marguerite va jouer un rôle prépondérant à la cour. Avec l'ensemble de l'Europe cherchant à mettre un terme à la guerre et poursuivant des négociations de paix, Marguerite est en mesure de pourvoir une protection toute relative à ceux qui seraient normalement persécutés en France. Dans de telles circonstances, un certain nombre des exilés à Strasbourg et ailleurs, y compris Lefèvre, peuvent rentrer en France. Même après le retour de son frère, Marguerite cherchera à leur garantir une sécurité.

Farel n'est pas convaincu que le moment lui est propice. Il constate que ceux qui sont rentrés ne jouissent pas de la pleine possibilité de prêcher ce qu'il considère comme étant la pure Parole de Dieu. Selon lui, certains de ces hommes sont plus préoccupés par le fait de retrouver leurs bénéfices que par la poursuite de l'œuvre de la réforme. Quoi qu'il en soit, après le retour du roi et à l'écoute des nouvelles, il est clair que le moment n'est pas aussi propice qu'il y paraît. Pour les réformateurs français, la situation est beaucoup plus précaire qu'on pourrait le croire. Si la réforme française doit avoir lieu, il faut nécessairement qu'elle soit protégée par une magistrature puissante, alimentée par des prédicateurs courageux, et soutenue par une littérature de qualité. Du point de vue de Farel à Strasbourg, ce n'est pas encore le cas en France.

Néanmoins, Farel est toujours à l'affût d'occasions favorables pour accomplir la réforme parmi les francophones. Il est encouragé par son travail plus ou moins officiel en qualité de pasteur de la communauté francophone à Strasbourg, un groupe essentiellement composé de réfugiés en provenance de Metz. Toutefois, il désire être utilisé pour réformer de nouveaux territoires francophones. Où aller ? Bien que la réponse à cette question ne puisse lui paraître évidente auparavant, elle est désormais sans équivoque : les territoires francophones suisses. Cette décision sera déterminante pour le restant de sa carrière.

chapitre 3

Prêcher la réforme
(1526-1533)

M
ême si nous avons déjà évoqué la « Suisse » ou les
« territoires suisses », il est important de noter que
la réalité politique moderne de la « Suisse » commence à
peine à prendre forme aux xvᵉ et xvıᵉ siècles. Jusque-là,
la région géographique que nous appelons aujourd'hui
la Suisse est un groupe de territoires ou cantons affiliés
au Saint-Empire romain germanique avec, cependant,
une quasi-indépendance *de facto*. Pour la période qui
nous intéresse, ces territoires, principalement ceux qui
sont francophones et germanophones, se fédèrent en plus
étroite collaboration. Loin d'être une énigme, les réalités
de la géographie politique des territoires suisses sont
fondamentales pour notre récit de la vie de Farel.

Le changement lié à la géographie est particulièrement réel pour les régions francophones de la Suisse moderne. La politique de ces territoires découle de la géographie physique des vallées, des lacs, des rivières et des montagnes, à la base d'une séparation naturelle en groupes, mais aussi de points de contact lorsque les territoires voisins doivent maintenir les routes pour le commerce. Au début du xvie siècle, la plupart des Suisses, en particulier les germanophones, se sont regroupés en une confédération structurée afin de promouvoir des intérêts communs. Ces territoires suisses ne sont guère fortunés au xvie siècle ; en effet, une grande partie des terres, notamment les vastes territoires de montagne, sont inutilisables. La plupart des terres arables en Suisse se situent dans une bande de terrain vallonnée d'une cinquantaine de kilomètres de large, s'étendant environ sur 240 kilomètres, du lac Léman au lac de Constance, dans le nord-est. À cause de cette pénurie de terres agraires, la main-d'œuvre s'expatrie, notamment pour être louée comme soldats par des monarques étrangers (y compris le roi de France, le pape et l'empereur). Bien que le réformateur Zwingli à Zurich critique farouchement le commerce mercenaire, il est clair que l'argent ramené par les mercenaires à leurs familles est vital pour les économies locales. Les mouvements de réforme religieuse vont sérieusement nuire aux relations entre protestants et catholiques suisses pour les siècles à venir (pensez aux guerres de Kappel, de 1529 à 1531 ; c'est à l'occasion de la seconde que Zwingli mourra, l'épée à la main), mais la Confédération y survivra.

À la frontière des territoires suisses de langue allemande, Berne va jouer un rôle d'importance grandissante dans la supervision des territoires francophones, à l'ouest. Les villes de Neuchâtel, Lausanne, Genève et leurs environs viennent sous le contrôle de Berne, surtout au détriment du duc Charles III de Savoie, souverain d'un État constitutif voisin de l'Empire. Jusque-là, ces territoires étaient comme une mosaïque composée de petites villes et de régions contrôlées par différents types de nobles : des comtes, des ducs, des barons, des seigneurs, et même des évêques. Bien qu'il demeure une forte autonomie locale, toute la région va bientôt se retrouver sous la direction bernoise.

Souvent oublié dans les discussions sur les débuts de la réforme francophone, ce désir de conquête bernois, accompagné du soutien et de la protection dont bénéficiera Farel, va s'avérer crucial. Les Bernois ne sont pas particulièrement voués à la version réformiste de Farel au début de son engagement ; cependant, ils sont très intéressés par tout mouvement susceptible de les aider à garder le contrôle des territoires qu'ils ont conquis. Néanmoins, au fur et à mesure que leur vision religieuse évolue, ils souhaitent d'autant plus l'exporter à l'aide du travail de Farel. D'une certaine façon, à l'instar de la citoyenneté romaine de l'apôtre Paul, « la citoyenneté » de Farel comprise dans le projet d'expansion bernois, va lui octroyer une protection et des droits qu'il n'aurait pas obtenus en temps normal. Cette protection ne cessera de provoquer la consternation de ceux qui souhaiteraient le voir châtié pour ce qui est, à leur avis, un enseignement hérétique.

Dans un sens, l'expérience de la Suisse n'est pas nouvelle pour Farel. Malgré le fait d'avoir été expulsé de Bâle, il a déjà bénéficié d'une certaine liberté d'expression dans cette même ville. À présent, on l'encourage de nouveau à se rendre utile dans les villes suisses. Ses amis de Strasbourg et de Bâle ne sont pas sûrs quant à la contribution qu'il peut apporter, mais selon eux, il y a manifestement quelque chose à faire. En quittant Strasbourg, il ne fait aucun doute que Farel est investi d'une mission. Impatient de gagner les territoires sous contrôle bernois, il se perd à deux reprises.

Dévoilant quelque chose du prisme à travers lequel il voit sa vie, Farel suppose que son problème de base n'est pas tant un mauvais sens de l'orientation que le penchant fondamental de ses facultés intrinsèques : sa « volonté » veut toujours faire plus que ses capacités le lui permettent (ce qui, en passant, est, selon lui, le problème fondamental du soi-disant « libre arbitre »). Quand il se modère et rejoint un compagnon de route, il trouve sa voie. Son voyage le mène premièrement à Bâle pour une nouvelle visite clandestine à des amis (il est encore officiellement banni). Il arrivera enfin à Berne, début novembre 1526.

Après un séjour à Berne, Farel discerne que la meilleure porte d'entrée dans le territoire francophone est Aigle, un village situé à quelques kilomètres de la pointe orientale du lac de Genève. Le village est jugé idéal en raison de la faiblesse de la présence catholique et du refuge qu'il constitue, à partir duquel s'offre la possibilité d'influencer la ville voisine de Lausanne. Aigle deviendra le camp de base de Farel à partir de la mi-novembre 1526, jusqu'en janvier 1530. Pour éviter les soupçons immédiats, il entre dans la ville en qualité d'instituteur avec un nom d'emprunt, Ursin. La mission de l'école est « d'instruire la jeunesse dans la vertu et la doctrine, et lui permettre d'acquérir les compétences nécessaires pour la vie ». L'éducation de

Farel l'a préparé à enseigner légitimement dans une école, mais il tient également à prêcher. Le 30 novembre, Farel demande, par l'intermédiaire du représentant bernois à Aigle, la permission d'enseigner et de prêcher dans la ville. La permission lui est accordée à condition qu'il ne parle que de « la Parole pure, claire et propre, et de l'enseignement de Dieu, qui se trouve dans le Nouveau et l'Ancien Testament... pas contre les sacrements ». Les dirigeants bernois savent que la critique et la perturbation des sacrements sonneront aussitôt le glas du travail de Farel.

Farel n'est pas impressionné par la condition sociale et spirituelle de la région ; d'après lui, les gens sont ignorants, et les prêtres ne se soucient que de leur avancement. Néanmoins, il semble avoir tiré quelques leçons des erreurs du passé. Dans une lettre à Zwingli, il écrit : « J'avance lentement à cause de l'ignorance, voire de la stupidité des gens de ce pays. Je tolère même de nombreuses coutumes du papisme contre mon meilleur jugement. » Malgré l'opposition du clergé local et, de plus en plus d'opposition du clergé environnant, Farel demeure sous la protection des Bernois. Même s'il n'est pas prêtre, Berne le considère comme leur prédicateur, envoyé pour servir les gens d'Aigle. Au milieu de l'année 1527, il n'a plus à se cacher derrière le titre de professeur, mais officie publiquement en qualité de prédicateur, dans l'une des églises locales.

À l'automne 1527, nous voyons aussi des exemples de l'expérience croissante de Farel en matière de réforme. Tout d'abord, une lettre datant du 7 septembre, adressée au docteur Noël Galéot, un théologien parisien résidant avec l'évêque de Lausanne. Cette missive dévoile la stratégie de Farel dans sa tentative de trouver des personnes sympathiques et influentes parmi les citadins, en vue d'instiller la réforme. La lettre est fascinante, car elle présente des paragraphes révélateurs dans lesquels Farel décrit sa propre vie et sa conversion. Il explique comment il est passé d'un état gouverné par ce qu'il considérait être une religion ostentatoire et superficielle, incapable de toucher son cœur, à un état où son cœur a été consumé par le désir de prêcher l'Évangile. Son expérience l'a contraint à annoncer l'amour de Christ aux autres et à prier pour que le Saint-Esprit les libère de l'amour de la religion de ce monde ainsi que de leurs propres cœurs. De façon très réelle, il parle de son expérience à Galéot comme un modèle à suivre.

Deuxièmement, dans une lettre datant du 14 décembre qu'il adresse à un groupe de religieuses à Vevey, un village situé entre Aigle et Lausanne, Farel dévoile sa méthode typique pour proposer (ou provoquer) un débat public en vue de discuter des idées de la réforme. Avec l'aval de Berne, ces sœurs permettaient à un moine de demander des offrandes en leur nom sur le territoire d'Aigle. À un moment donné, au cours de sa tournée de mendicité, le moine avait publiquement désavoué la doctrine de Farel en ajoutant que ceux qui l'écoutaient seraient damnés. Ayant eu vent de cette condamnation, Farel traque le moine, le confronte et rassemble une foule autour de lui pour débattre du sujet avec lui sur-le-champ. Farel réprouve le moine en disant qu'une véritable offrande ne doit pas être une question d'argent, mais de « cœur brisé et contrit ». Alors que le ton monte parmi eux, un agent de la paix intervient, jetant Farel et le moine en prison pour forcer les deux hommes à régler leur différend sans provoquer d'émeute. Bien que le moine persiste dans son refus de discuter avec Farel, il reprend finalement sa condamnation de l'enseignement du réformateur, et promet de venir écouter le sermon de Farel dans la matinée. À l'heure du sermon, le moine est introuvable. Farel racontera cette histoire aux sœurs pour qu'elles puissent juger son récit en fonction des faits, et de son message selon l'Écriture.

Janvier 1528 va se révéler déterminant en matière de soutien bernois pour une réforme plus ouverte. Durant ce mois, les autorités bernoises organisent un débat public pour régler la question une fois pour toutes. Entre autres, Farel est invité à Berne pour présenter ses arguments. Malgré des engagements publics constants en faveur du catholicisme, tout au long des années 1520, les prédicateurs réformés propagent leurs idées à Berne, depuis au moins 1519. Néanmoins, les réformateurs germanophones de la ville veulent tirer au clair cette question. Un groupe assez important est favorable à la réforme, en particulier au sein du gouvernement, de sorte qu'il est à même de faire pression pour que la question soit discutée. Farel sera sollicité, principalement pour traduire ses thèses et ses conclusions aux francophones. Les thèmes de base des réformateurs sont désormais bien connus : seul Christ est la tête de l'Église, l'Écriture est la seule règle, Christ a le seul vrai mérite, nous ne mangeons pas le corps de Christ physiquement lors de la sainte Cène, la messe ne peut être un sacrifice, seul Christ est le médiateur du salut, le purgatoire et le culte des images viennent du malin, et le mariage est bon pour tous. Sans surprise, le débat tranche en faveur de la réforme. La participation de Farel n'est pas très importante au cours du débat, sauf à la fin. Néanmoins, cela lui donne une excellente occasion d'en apprendre davantage sur les responsables catholiques des différentes villes françaises sous contrôle bernois, et de coordonner un travail de réforme avec les prédicateurs et les dirigeants de Berne.

De retour à Aigle, en février 1528, Farel, désormais appelé l'« évêque d'Aigle » par ses partisans, cherche à mettre en œuvre la réforme adoptée. Un édit de réforme est publié en février, exigeant l'abolition imminente de la messe et de tous les autres rites catholiques suspects. Comme pour son travail à Montbéliard, quelques années auparavant, Farel doit passer d'évangéliste à pasteur. Il continue à prêcher de bon cœur, mais travaille également sur la liturgie pour des occasions spéciales ainsi que sur l'invitation ou la formation de nouveaux pasteurs. Le réseau des réformateurs de Bâle et de Strasbourg porte ses fruits lorsque Capiton, Bucer et Œcolampade lui envoient des prédicateurs potentiels.

Les formes liturgiques de Farel, adaptées en grande partie de la liturgie à Berne, méritent une attention particulière ; en effet, elles deviendront les premiers documents liturgiques de la Réforme française. Bien qu'il ne les publie pas officiellement jusqu'en 1533, avec Pierre de Vingle, elles seront utilisées sous forme de manuscrits par le nombre croissant des prédicateurs dans la région, à partir de cette même période. Au milieu de l'année 1530, des réformateurs de la ville voisine de Bienne sollicitent ce matériel préparé par Farel. Après la réception d'un exemplaire, ils sont à ce point impressionnés qu'ils lui offrent la citoyenneté dans leur ville.

Les liturgies sont remarquables par leurs références caractéristiques et prolifiques à l'Écriture, un fait qui leur confère de la crédibilité auprès d'un peuple désireux d'avoir une autorité légitime. Les liturgies mettent en relief que seul ce qui a été prescrit dans l'Écriture doit être pratiqué (une forme précoce du « principe régulateur du culte », ainsi qu'il est communément appelé), et que les liturgies doivent instruire les auditeurs et annoncer l'Évangile. Les textes produits par Farel contiennent des liturgies pour le baptême, le mariage, la sainte Cène, le culte public et la visite aux malades.

Outre ces fonctions pastorales continues, Farel ne perd pas de vue la réforme dans les villes voisines. Lausanne, pour sa part, n'avait été rattachée par traité à Berne que depuis décembre 1525. Mais de toute évidence, Lausanne ne veut rien avoir à faire avec les idées de la réforme. Bien que Farel ait obtenu l'autorisation des Bernois d'y prêcher, sa première visite n'est pas couronnée de succès. Malgré une protestation à Berne, il est aussitôt expulsé de la ville.

Il tentera d'utiliser la même tactique plus loin, dans les régions de Neuchâtel et de Morat, en décembre 1529 et en 1530, cette fois avec beaucoup plus de succès. Farel entrera dans des villes ayant bénéficié du service de bons prédicateurs ; dans la plupart des lieux, cependant, les prêtres locaux lui paraîtront de faible calibre, et l'immoralité semblera être la norme parmi les laïcs. Dans plusieurs villes, Farel parviendra à organiser un débat public, dont les résultats seront un certain nombre de conversions notables. Dans une ville, les convertis au message de Farel se mettront dans une telle furie à cause de l'« idolâtrie » des statues dans leur église qu'ils ôteront le nez à toutes les statues pour les dégrader. Dans une autre cité, le message de Farel sera si convaincant que ses auditeurs se lèveront tout simplement après le message pour mettre à terre les statues en présence du prêtre local impuissant.

Farel commence donc à avoir du succès dans de nombreuses villes francophones, mais qu'en est-il des grandes agglomérations ?

Le succès arrive enfin à Neuchâtel, une ville avec laquelle il sera grandement associé jusqu'à la fin de sa vie. Neuchâtel se trouve sous l'influence de Berne, sans toutefois faire partie de la Confédération suisse. Au contraire, il y existe un gouvernement mixte composé de divers dirigeants étrangers et locaux qui s'opposent fréquemment. Une fois de plus, Farel n'est pas impressionné par la condition de l'Église ; il lui semble que les rites physiques, les formes extérieures et les pratiques traditionnelles sont les seules choses qui comptent pour les habitants. Cela est particulièrement vrai du clergé : la plupart, issus de grandes familles, se préoccupent davantage de leurs privilèges ecclésiastiques et de leur bien-être matériel.

Au milieu de l'année 1530, Farel se met à prêcher pour de bon avec comme associé, Antoine Froment (1508-1581), un jeune converti et prédicateur français qui tombera plus tard en disgrâce avec les principaux réformateurs suisses. Malgré la pression des représentants des nobles étrangers et les protestations de membres du clergé catholique local, Farel bénéficie tout de même d'un endroit pour prêcher, d'abord dans la chapelle de l'hôpital, puis dans la Collégiale, l'église la plus importante de la ville. Ses appels à la réforme générèrent de vives réactions d'iconoclasme (statues détruites, dégradées au niveau du nez et des yeux, éjectées des églises, et brisées en morceaux). Un appel général datant du 24 octobre invite la foule à dégrader toute image se trouvant à portée de main. La foule tapageuse mangera également le pain consacré et, selon les dires, malmènera certains membres du clergé catholique. Début novembre, l'esprit de la réforme est à son comble parmi les nombreux roturiers et commerçants locaux. Le 4 novembre, la ville « vote » en faveur de la réforme. Ce vote est contesté, car, bien que populaire, il n'est pas pour autant juridiquement contraignant. Beaucoup de responsables catholiques sont désemparés par ce déploiement, tout en pensant secrètement qu'il n'aura pas le pouvoir de subsister. D'après eux, une fois l'hystérie collective retombée, la ville reviendra à la raison. Pourtant, la réforme va durer.

La réforme de Neuchâtel « accomplie », Farel se concentre de nouveau sur les villes environnantes. En 1531, Farel retourne à Morat, pour œuvrer dans les villes d'Orbe et de Grandson. En son absence, Antoine Marcourt (1485-1561) devient prédicateur à Neuchâtel. Né en Picardie (c'est-à-dire dans la même région que Jean Calvin), ce Français partage la même ardeur que Farel en matière de réforme. Les deux participent activement à la critique vigoureuse de la piété catholique romaine traditionnelle, depuis la chaire et par la presse.

En fait, à cette même époque, Farel et son groupe croissant de prédicateurs trouvent un complice, pour réformer la littérature, en la personne de Pierre de Vingle (1496-1535), imprimeur. Comme indiqué, l'impression est manifestement perçue comme un moyen de toucher un large public, autrement inaccessible simplement par la prédication. De Vingle, qui imprimait déjà les textes de Farel depuis 1529, s'en vient vivre à Neuchâtel pour travailler en plus étroite collaboration avec les réformateurs.

Ce qui est intéressant à propos de Vingle, c'est qu'il imprimera de nombreux types d'ouvrages, toujours avec le même objectif cependant : la promotion draconienne de la foi réformée accompagnée d'une critique radicale du catholicisme romain de son époque. Parmi ses publications, on compte une traduction française de la Bible par Lefèvre, plusieurs œuvres musicales et poétiques de Mathieu Malingre, des ouvrages théologiques et polémiques d'Antoine Marcourt et de Guillaume Farel, ainsi que divers autres travaux, comme la traduction et l'adaptation de *Passional Christi et Antichristi* de Luther. Le plus souvent, les textes ne portent pas le nom de l'auteur ou de Vingle. Au contraire, ils revendiquent une fausse autorité de sorte à ne pas être confisqués et brûlés par les autorités catholiques en France. Par exemple, l'adaptation de Luther portera l'estampille : « Imprimé à Rome par Clément de Médicis au château Saint-Ange » et « *cum privilegio Apostolico* » (avec privilège apostolique). Difficile d'imaginer un meilleur imprimatur !

De Vingle imprimera également le plus important des travaux de Farel : *Sommaire et brève déclaration*. Ce petit manuel doctrinal sera le premier aperçu de la théologie réformée en langue française. Les seize premiers chapitres se caractérisent par une structure « pendulaire », avec des chapitres successifs présentant la version négative d'un sujet, suivie de la version positive. Par exemple, le chapitre douze dévoile l'idée du « mérite » humain devant Dieu : « «Mérite» est un terme plein d'arrogance, pleinement répugnant à Dieu, et à toute l'Écriture, contrôlé par l'esprit d'orgueil et d'erreur pour mettre à néant la grâce de notre Seigneur. » Le chapitre treize vient rééquilibrer, en présentant la « grâce » : « La grâce est l'égard bienveillant, aimable, favorable et miséricordieux de notre très bon Père. Par amour pour lui-même et pour l'accomplissement de son plan visant à donner la vie et à sauver ceux qu'il a ordonnés à la vie, et indépendamment de l'identité de la personne à qui il fait miséricorde, de ses œuvres, de son origine, de son lieu de naissance, ou de toute autre chose, il a pardonné ce pauvre pécheur par l'intermédiaire de son très cher Fils. » Le choix présenté dans le *Sommaire* de Farel est explicite : suivre la volonté de Dieu clairement révélée dans l'Écriture, ou les doctrines humaines inspirées du diable en personne.

Bien que le travail de Farel soit l'un des écrits théologiques majeurs imprimés par De Vingle, le plus influent des textes de De Vingle demeure, en réalité, un document d'une page à peine. Il est question d'une petite affiche ou d'une pancarte appelant à l'abolition de la messe ; elle sera placardée à Paris et dans plusieurs villes de province en France pendant la nuit du 17 octobre 1534, et de nouveau, le 12 janvier 1535. L'auteur, Antoine Marcourt, choisira de publier ces pancartes anonymes, sans doute en ayant mis Farel au courant. Les affiches parlent du seul sacrifice parfait de Christ, de l'idolâtrie de la présence corporelle du Christ, du sophisme de la transsubstantiation et de la stérilité spirituelle de la messe. Farel corroborera le discours de Marcourt à propos de la messe qu'il cite dans le texte ci-après :

> *Le fruit de la messe est bien autre, même comme l'expérience nous le démontre, car par elle, toute connaissance de Jésus-Christ est effacée, la prédication de l'Évangile est rejetée et remplacée, le temps est occupé par des sonneries, des bêlements, des chatteries, des cérémonies, des luminaires, de l'encens, des déguisements et de telles manières de singeries, par lesquelles le pauvre monde est comme des brebis et des moutons misérablement entretenus et tourmentés par ces loups ravissants qui les mâchent, les rongent et les dévorent.*

Ainsi que nous l'avons vu, les autorités catholiques et l'Église n'apprécient guère cette critique radicale. En réalité, bien que Farel et ses associés ne puissent le voir à l'époque, les affiches seront, à certains égards, contre-productives. Non seulement elles ne conduiront pas à l'abolition de la messe ou à une liberté de culte plus avérée, mais elles conduiront à un traitement plus strict des mouvements de la réforme en France. Le roi est tellement furieux en prenant connaissance du contenu de ces affiches qu'il publie un décret interdisant non seulement les principaux livres, mais *tous* les livres, et ce, jusqu'à nouvel ordre ! Pour le roi, ce n'est pas une simple affaire de théologiens, mais une perturbation majeure de l'ordre social ainsi qu'un affront direct à son pouvoir royal. D'autres partisans de la réforme ne sont pas enchantés à la nouvelle de cette confrontation brutale des associés de Farel avec le pouvoir royal. Cela dit, le mal est fait.

Malgré une répression de la part du roi, le message réformateur de Farel commence à gagner du terrain en France grâce à l'intérêt des Vaudois. Longtemps au ban de la société française en raison de leur culture et de leur doctrine, ces groupes trouvent le message de Farel sur la piété biblique agréablement familier. En 1532, Farel rend visite aux Vaudois du Piémont avec un collègue, à la demande de deux de leurs prédicateurs de retour d'un voyage à Strasbourg et dans les églises réformées de Suisse. Farel participe à l'assemblée générale des Vaudois qui a lieu à Chanforan, dans le Val d'Angrogne, le 12 septembre 1532. Lors de cette réunion, les Vaudois prennent la résolution d'adopter les doctrines semblables de la réforme, et de créer des institutions pour assurer des formations à partir de ces mêmes enseignements. Les Vaudois, intéressés par les projets de publication de Farel, lui font un don appréciable (500 écus) pour la production d'une bible en français.

De retour en Suisse, Farel leur envoie plusieurs enseignants, dont l'un est Pierre Robert, dit Olivétan (1506-1538), exilé de France, qui fait office, à l'époque, de tuteur privé à Genève. En réalité, c'est Olivétan qui traduira une nouvelle fois la Bible à partir de l'hébreu et du grec, tant il est inspiré par le travail de Lefèvre. L'édition d'Olivétan sera amplement utilisée dans les églises réformées de France, au cours des décennies suivantes. Elle est, par ailleurs, remarquable, car la préface de cette bible semble indiquer l'une des toutes premières contributions de son cousin, le jeune Jean Calvin (1509-1564), à la réforme de l'Église francophone.

En France, Farel décide de tenter une nouvelle fois de répandre la réforme dans sa région natale. Il quitte Chanforan pour se rendre à Gap. Le soutien populaire fait toujours défaut pour appuyer sa réforme, mais il parvient tout de même à convaincre trois de ses frères (Gaucher, Claude et Jean-Jacques) de la nécessité d'un changement. Sans doute le fait de voir quelques-uns des membres de sa famille venir à sa suite dans sa nouvelle vie est-il pour lui une source de réconfort.

De retour dans les territoires suisses et avec l'aide de la presse de De Vingle qui travaille à vitesse supérieure, Farel poursuit son action réformatrice. Bien que Farel ne réussisse pas à réformer l'ensemble de la zone située entre Aigle et Neuchâtel, il couvre pas mal de territoire, ce qui permet à la population locale d'être exposée aux idées de la réforme pour la première fois. Dans une certaine ville, les gens du pays sont si furieux à l'écoute de la prédication de Farel qu'une foule se constitue pour le brutaliser. Les dirigeants de la foule le traînent dans une chapelle locale et le forcent à s'agenouiller devant l'autel, tout en lui cognant la tête contre la paroi. Farel déclare qu'il n'adorera que Jésus-Christ et demande justice. De l'aide arrive enfin, mais on l'a déjà roué de coups. Dans une autre ville, Farel sera témoin de la conversion d'un prêtre tandis que cet homme disait la messe ! Enfin, dans un bourg, Farel accompagnera la conversion de Pierre Viret (1511-1571), un jeune homme brillant qui deviendra l'une des figures prééminentes parmi les dirigeants suisses francophones de la réforme.

En 1533, après plusieurs années d'intense combat d'évangélisation, Farel se rend compte qu'il a besoin de travailler à l'organisation des petites églises dont il a participé à l'implantation. Par conséquent, il assure, dans chaque nouveau centre de réforme, la présence de pasteurs susceptibles de prêcher dans les villages voisins. Avec la réforme en constante progression depuis Aigle jusqu'à Neuchâtel, Farel tourne de nouveau son attention vers Lausanne et, plus mémorablement, vers Genève.

chapitre 4

Consolider la réforme
(1533-1541)

Genève + Jean Calvin = réforme en langue française ?
Pas tout à fait.

Comme nous l'avons vu, Genève ne fait pas encore partie du décor, mis à part pour le passage de Jean Calvin. Nous avons pu constater que plusieurs réformes provenant du milieu francophone se sont produites bien avant que Genève n'apparaisse sur l'« écran radar » ! Néanmoins, cette ville et son plus célèbre serviteur réformé, Jean Calvin, commencent à occuper une place notable. Il est important de se rappeler que lorsque Calvin entre en scène, il est de vingt ans le cadet de Farel, et n'a que peu d'expérience en matière de réforme de l'Église. En fait, tout au long de sa carrière, Calvin n'a jamais vraiment effectué le genre de travail d'évangélisation que Farel a accompli au prix de grands sacrifices pendant plus d'une décennie. Cela ne retire en rien l'extrême importance de Calvin dans la percée du protestantisme réformé (cela va de soi). Néanmoins, cela signifie que la caricature d'un Farel usé remettant simplement les rênes de la réforme francophone suisse au jeune Calvin est juste... une caricature. Bien que vieillissant, Farel est encore plein d'énergie, y compris d'énergie intellectuelle. Au cours de la période qu'ils passeront tous les deux à Genève, Farel continuera de jouer un rôle de réformateur plus important que ce que tendrait à nous faire croire le discours traditionnel sur Calvin.

Avant même que Farel ne découvre Genève pour la première fois, un petit réseau de personnes intéressées par la réforme s'est déjà constitué en ville. En fait, le premier contact de Farel avec Genève s'est fait par l'intermédiaire d'une lettre datant du 26 juillet 1532, en vue d'exhorter ces croyants réformateurs locaux à persévérer dans leur foi nouvelle. Farel leur rappelle qu'à l'instar du peuple de Dieu dans l'Écriture, ils ne doivent en rien redouter l'armée apparemment invincible des Assyriens (à savoir, les catholiques) qui se liguent contre eux, mais plutôt l'armée de Dieu, réellement invincible, qui est de leur côté. En toutes choses, dit-il, ils ont le devoir de chercher à plaire à Dieu sans s'inquiéter du mécontentement ou de la persécution de leurs concitoyens.

Consécutivement à cette missive, la première visite de Farel a lieu peu de temps après son voyage à Chanforan et à Gap. Muni d'une autorisation de passage de Berne, Farel fait son entrée en ville, au début de l'automne 1532. Il saisit une brève occasion de rencontrer un certain nombre de croyants partageant les mêmes idées, mais lorsque des catholiques prennent conscience qu'il est un prédicateur de la réforme, ils le somment de partir immédiatement, et lui interdisent formellement de revenir. Étant un peu « dur d'oreille » quand il s'agit de commandements humains, Farel (on peut toujours en arguer) prend cela comme un défi.

La cause de la réforme reçoit de nouveau un bon accueil grâce en partie à la situation politique de la ville. Avant la Réforme, Genève est la capitale d'un état ecclésiastique dirigé par un évêque et ses alliés, en étroite collaboration avec le duché voisin de Savoie. Alors que l'évêque jouit de droits importants, une grande partie des droits de la protection et de la sécurité revient au duc. Dans la ville même, le duc est autorisé à nommer un représentant dont la tâche consiste à poursuivre et à punir le crime. Cependant, pour la plupart des questions de gouvernance au quotidien, la ville s'en remet à un conseil de représentants élus par la population locale et dirigés par des magistrats appelés « syndics ».

Encouragés par leurs villes suisses voisines, les élus et les syndics de Genève commencent à retrancher de plus en plus de pouvoir à l'évêque et au duc, tout au long des années 1520. Tandis que le gouvernement local progresse dans sa réclamation du pouvoir, l'évêque, mais aussi de nombreux clergés locaux ainsi que les représentants du duché de Savoie quittent la ville tout en continuant à garder le contrôle du reste du diocèse. Ces élus souhaitaient faire de Genève une ville-état indépendante. Comme nous pouvons le voir, cette séparation civile (sorte de « révolution » de la part du gouvernement local) laisse la voie libre à une séparation religieuse avec leurs voisins catholiques. En fin de compte, lorsque la réforme sera officiellement adoptée en 1536, les Genevois solliciteront la protection de Berne afin que l'évêque ou les représentants de la Savoie ne tentent pas de la reprendre.

Peu de temps après sa première visite à Genève, Farel envoie Antoine Froment, son collègue de Neuchâtel, pour enseigner et prêcher au début de 1533. Peu après son arrivée, Froment prêche l'un des premiers sermons publics pour la réforme à Genève, à la Place du Molard. Malgré la protestation du clergé et d'un grand nombre de citoyens, les réformateurs jugent que le « levain » de l'Évangile ne peut que lever. Plus les dirigeants catholiques réagissent négativement face au nombre croissant des partisans de la réforme, plus le nombre des personnes réformées augmente. Bientôt, beaucoup se mettent à critiquer ouvertement ce qu'ils considèrent comme étant un clergé ignorant, des moines enfreignant la loi, et un évêque faisant office de marionnette pour une puissance étrangère.

La situation à Genève devient plus tendue au cours de l'année 1533. Les catholiques forment des services d'ordre en vue de combattre cette hérésie « luthérienne », à plusieurs reprises au cours de l'année. L'évêque se rend brièvement en ville, mais il repart aussitôt, témoin de la tension croissante.

Le pouvoir du parti catholique s'affaiblissant, ils appellent à leur rescousse Guy Furbity, un dominicain et docteur émérite de la Sorbonne, dans le but d'appuyer leur cause. Or, ses tentatives visant à l'emporter sur les réformateurs aggravent la situation pour le parti catholique. Son sermon du 2 décembre 1533 est profondément insultant pour les réformateurs : il les compare aux ivrognes qui tirèrent au sort la tunique de Christ, et établit même le parallèle entre les Bernois et les hérétiques de l'histoire de l'Église primitive. Plutôt que de souder l'influence des catholiques, il soulève l'ire des Bernois, lesquels exercent une pression encore plus grande sur le gouvernement local pour protéger les prédicateurs réformés quand ils proclament leurs messages. Farel, qui n'est pas revenu après sa première visite de septembre 1532, y fait un retour public, fin décembre 1533. À cette occasion, sa protection bernoise est respectée : il a l'autorisation de prêcher et de diriger des cultes réformés au début de 1534, année au cours de laquelle auront lieu un certain nombre de baptêmes.

Genève se retrouve dans une impasse : des décisions publiques doivent être prises, et ces décisions ont des implications économiques et politiques importantes. Qui va pouvoir prêcher : Farel ou Furbity ? L'obstacle vole en éclats lorsque les Bernois ordonnent aux Genevois d'organiser un débat public entre Furbity et Farel. À la fin de janvier 1534, Furbity affronte Farel et d'autres prédicateurs de la réforme pendant trois jours. Même s'il ne s'agit pas d'un débat public officiel en soi, la discussion est néanmoins importante, car elle oppose les prédicateurs réformateurs à un catholique instruit, plutôt qu'à des citoyens ou à de simples curés locaux. En outre, ce débat est imposé par les Bernois pour des raisons personnelles, pas seulement pour des raisons religieuses. En d'autres termes, la conséquence significative n'est pas la réforme de la ville, mais l'humiliation du dominicain qui se voulait prédicateur. En ce sens, c'est un franc succès pour les réformateurs. Insatisfaits de ses réponses et de son manque d'excuses pour avoir offensé les Bernois, les conseillers genevois et les représentants de Berne mettent Furbity sous les verrous.

Au cours de l'an 1534, les réformateurs sont désormais plus audacieux dans leurs efforts visant au changement. Tandis que les Bernois exercent des pressions financières et politiques, les croyants réformateurs locaux et les prédicateurs commencent à prendre les choses en main. Nécessitant un endroit suffisamment vaste pour prêcher, ils optent pour l'une des plus grandes salles à Genève, le monastère franciscain de Rive. En outre, les croyants réformés commencent aussi à éliminer les preuves physiques du catholicisme, bien qu'un iconoclasme plus concerté se produise par la suite, en 1535.

Malgré les succès de 1534, le parti réformateur de Genève est loin de faire l'unanimité dans les esprits et les cœurs des citoyens. Nous en avons un exemple notable en la sœur Jeanne de Jussie, supérieure du couvent de Sainte-Claire, situé à une courte distance du monastère Rive, où prêchent les réformateurs. Son récit sur le « levain du calvinisme » consécutivement à son exil à Annecy, en France, révèle une résistance catholique soutenue à l'égard de Farel et des autres réformateurs, bien qu'elle ne soit plus à Genève. De Jussie, qui réserve son langage le plus amer au « maudit Farel », au « méchant Farel », au « minable prédicateur Farel », au « misérable prédicateur Farel », au « pauvre idiot de Farel » ou au « suppôt de Satan », a une opinion de base partagée par beaucoup : la Réforme n'est pas une restauration ou le triomphe du bien, mais une destruction de tout ce qui est sacré. Les ravages des réformateurs, en particulier la destruction d'images et les attaques violentes des espaces dédiés au culte catholique, signifient, à leur sens, que le protestantisme n'est pas juste une menace théologique ou idéologique, mais fondamentalement physique et matérielle. Par exemple, pour dissuader la pratique de la religion « idolâtre », les réformateurs se sont empressés d'ôter tous les autels des églises sous leur contrôle. Ces autels seront utilisés dans des fortifications, transformés en tables de jardin, utilisés comme ponts sur de petits cours d'eau (trois notamment serviront de billot au bourreau de la ville pour trancher les têtes des condamnés). De telles actions ne laissent guère de doute sur les raisons de la profonde indignation des partisans du catholicisme.

Chaque camp réalise que la situation est insupportable ; les dirigeants de Genève doivent prendre une décision. La pression aboutit finalement à un débat public au couvent de Rive, en juin 1535. À la tête des catholiques, Pierre Caroli (mort en 1550), docteur de la Sorbonne, est également attiré par les idées de la réforme. Caroli n'est pas vraiment partie prenante de la défense de la théologie catholique. Ce fait est illustré par sa rupture officielle avec le catholicisme presque aussitôt après le débat. Avec des partenaires peu engagés, ce n'est pas étonnant que les réformateurs soient à même de convaincre les dirigeants genevois. Aussi les effets du débat de Rive sont-ils sans appel : la suspension du culte catholique romain à Genève, en août 1535. La messe est abolie, les images liturgiques sont détruites, et de nombreux membres du clergé catholique et religieux quittent la ville. La perturbation de la pratique liturgique catholique est importante : des dizaines d'autels sont vacants dans la seule cathédrale. Beaucoup d'« idoles » sont détruites ou défigurées dans les églises catholiques de la ville. Pourtant, cette décision de 1535 n'est qu'une négation de l'ancien. Il faudra attendre le 21 mai 1536 pour que le Conseil général de Genève décide officiellement de remplacer les anciens rituels par le culte réformé.

Ainsi que Farel l'a appris ailleurs, la transition de la démolition d'images à l'édification de paroisses réformées vigoureuses n'est pas facile à négocier. À d'autres moments, il a travaillé à la fois à l'évangélisation et à l'édification de la même congrégation, en qualité de pasteur. À Genève, il a vu l'importance d'attirer des prédicateurs susceptibles de bâtir l'avenir. Il a déjà recruté un certain nombre de pasteurs pour cette cause, mais un jeune Français de passage à Genève, à la fin de l'été de 1536, deviendra son collègue le plus précieux.

Originaire de Noyon, en Picardie, dans le nord de la France, Jean Calvin a étudié à Paris, où il fut profondément marqué par l'étude de l'Écriture et par les idées de réforme, même si, à l'origine, ses intentions étaient de se former en droit. En raison de son association avec certains dirigeants défendant publiquement la réforme, Calvin est contraint de fuir Paris ; il se rend donc à Bâle. C'est probablement au cours de son séjour dans cette ville qu'il finit par se tourner définitivement vers la foi réformée. Désireux de poursuivre ses études en doctrine réformée, Calvin veut s'installer à Strasbourg. Toutefois, son itinéraire à partir de Bâle le conduit à Genève, où il n'a nulle intention de demeurer, si ce n'est que Farel, ayant appris que Calvin est en ville, lui réserve d'autres plans.

Farel a entendu parler de lui ; il se trouve que Calvin est lui aussi l'auteur d'un manuel de théologie, petit, mais éloquent, *Institution de la religion chrétienne*, récemment imprimé en latin, à Bâle. Ce livret prendra beaucoup plus d'ampleur et sera traduit en français, peu après. Il ne s'agit pas juste de théologie abstraite. Comme la préface l'indique, il traite d'une apologie explicite de la réforme de l'Église française. L'objectif de Calvin, dès la préface du livre, est de convaincre le roi de France (qui ne l'a probablement jamais lu) que les Français réformés ne sont pas une menace pour sa royauté, mais qu'en revanche, ils sont probablement de meilleurs citoyens que la population catholique. Le défi est de taille : les années précédentes, des réformateurs issus des territoires suisses ont choqué le roi de France en diffusant des affiches sentencieuses dans Paris.

Calvin est tout simplement la personne adéquate pour le travail pastoral à Genève, se dit Farel. Calvin racontera comment Farel l'a approché en lui faisant une « proposition » dans la préface de son commentaire des Psaumes. Les célèbres explications de Calvin, que nous citons ici en entier, en disent long sur ses priorités au début de sa carrière publique, ainsi que sur le caractère de Farel, notamment à propos de sa force de persuasion :

> *Partout où je suis allé, j'ai pris soin de cacher que j'étais l'auteur de cette prouesse. J'avais résolu de continuer dans le même anonymat et la même discrétion. Mais si Guillaume Farel parvint à me retenir à Genève, ce n'est pas tant par ses conseils et ses exhortations que par une terrible imprécation. C'était comme si Dieu sortait du ciel pour poser sa puissante main sur moi, et m'arrêter. Comme la route la plus directe menant à Strasbourg (où j'avais l'intention de me retirer) était fermée pour*

cause de guerres, je résolus de passer rapidement par Genève, sans y demeurer plus d'une seule nuit. Peu avant cela, la papauté avait été chassée grâce aux efforts de l'excellente personne que j'ai nommée, et de Pierre Viret. Toutefois, les choses ne s'étaient pas encore stabilisées, et la ville se retrouvait divisée en factions impies et dangereuses. Puis, une personne... m'a découvert et m'a fait connaître à d'autres. Sur ce, Farel, consumé par un zèle extraordinaire pour l'avancement de l'Évangile, s'est aussitôt mobilisé afin de me retenir. Après avoir appris que j'étais résolu à me consacrer à des études privées pour lesquelles je souhaitais me préserver d'autres activités, et voyant qu'il ne gagnerait rien à prier, il se mit à prononcer une imprécation afin que Dieu maudisse ma retraite, ainsi que la quiétude des études que je cherchais à poursuivre, dans la mesure où je décidais de me retirer et de refuser d'apporter ma contribution, alors que la nécessité était si pressante. Par cette imprécation, je fus tellement saisi de terreur, que je suspendis le voyage entrepris. Néanmoins, conscient de ma timidité naturelle et de mon appréhension, je ne voulus pas me mettre dans l'obligation de m'acquitter de telle ou telle fonction.

Calvin se décide à travailler avec son collègue plus âgé. Il ne tarde pas à se retrouver confronté à des défis que l'œuvre réformatrice génère en abondance.

En fait, les prédicateurs à Genève, étant galvanisés par la présence de Calvin, entrevoient des occasions favorables un peu plus bas, sur le lac Léman, à Lausanne. Les événements à Genève ont certainement préparé Farel et sa délégation pour le débat public à Lausanne, en octobre 1536. Bien que l'issue de ce débat semble déjà décidée, ce n'est pas juste un spectacle. Les Bernois ont prévu, dès le début, de faire en sorte que cet événement soit l'occasion pour les réformateurs d'expliquer la foi réformée aux personnes présentes. Bien que les actes finaux de la conférence ne soient pas publiés à l'époque de Farel, les Bernois exigent la présence de quatre secrétaires pour consigner les débats afin que le message des réformateurs ne soit pas déformé. Un historien appellera cela le « catéchisme en représentation théâtrale ». Il leur faudra être plus des pédagogues que des révolutionnaires.

L'ordre du jour concernant la procédure du débat se centre autour de dix thèses que les ministres réformés se doivent d'expliquer. La parole est ensuite donnée au public. Toutefois, les représentants catholiques ont peu d'intérêt à débattre, préférant rappeler à toutes les personnes présentes que le conseil général, récemment appelé par l'Église catholique, se chargera de répondre à toutes ces questions. Le débat d'une semaine sera manifestement à sens unique, avec des discours importants de Farel, de Viret (qui deviendra le prédicateur majeur à Lausanne) et, vers la fin, du jeune Calvin.

Après le débat, la réforme de Lausanne commence pour de bon. On note un peu d'iconoclasme, mais tout est majoritairement géré par les Bernois, lesquels profitent grandement de la vente d'articles ecclésiastiques sur les terres catholiques avoisinantes. Les réformés à Lausanne reprennent les bâtiments de l'Église catholique pour les utiliser en guise d'églises locales.

De retour à Genève, Farel et Calvin se mettent à l'œuvre avec les autres prédicateurs afin de structurer l'activité de leurs assemblées. Le travail manque encore d'organisation. Les opinions de Calvin sur la réforme, bien qu'elles soient vraisemblablement excessives à cette époque à Genève, saisissent tout de même certaines réalités :

> *Quand je vins premièrement en cette Église, il n'y avait quasi comme rien. On prêchait et puis c'est tout. On cherchait bien des idoles et les brûlait-on ; mais il n'y avait aucune réformation. Tout était en tumulte.*

À partir de novembre 1536, Farel et les prédicateurs de Genève travaillent sur l'ordre de l'Église, les confessions et les documents catéchétiques. L'ordre de l'Église est présenté à l'assemblée en janvier 1537. Considéré comme étant principalement l'œuvre de Calvin en raison de son « style et de ses idées fondamentales », il sera dit, de manière convaincante, après un examen attentif des documents de base, que l'on doit essentiellement sa rédaction à Farel. L'ordre de l'Église présente un certain nombre de points perçus au début comme étant des idées « calvinistes » clés : la fréquence de la sainte Cène (voulue tous les dimanches, mais établie quatre fois par an), la nécessité d'une forte discipline au sein de l'Église, une confession de foi signée par les membres, et un catéchisme pour les enfants de l'Église.

L'aspect particulièrement controversé de ces propositions est le désir des pasteurs d'exercer majoritairement le contrôle de la discipline ecclésiastique. À cette suggestion, un certain nombre de grandes familles genevoises proteste contre les prédicateurs, faisant valoir, à juste titre, que ce style de réforme n'est pas soutenu par les Bernois. En février 1538, les représentants de ces familles sont élus magistrats principaux de la ville (syndics) et lancent un défi à Farel et à Calvin.

La situation se corse à Pâques 1538, lorsque Farel et Calvin refusent d'administrer la sainte Cène à moins que les citoyens de Genève n'adoptent la confession de foi. Ils insistent en faveur d'une confession qui a son importance pratique, mais ils perdent leurs appuis politiques par la même occasion. Le conseil leur répondra en leur donnant trois jours pour quitter la ville ; ils partiront le lendemain.

Farel n'aura pas à attendre longtemps pour être de nouveau sollicité. Il sera contacté par les fidèles de Neuchâtel pour leur servir de pasteur, une fonction au demeurant familière pour lui. Ayant déjà bénéficié de la présence de Farel, un peu plus tôt au cours de la décennie, l'Église a continué de vivre la réforme et d'apprendre à l'appliquer. Farel est resté en contact étroit avec Antoine Marcourt, dans les années 1530, et a collaboré de près avec l'imprimeur de Neuchâtel, De Vingle, durant ces années-là, ainsi que nous l'avons mentionné.

Chassé de Genève en mai 1538, Farel prêchera à Neuchâtel dès la fin juillet. Comme à Genève, Farel se consacrera à développer un ordre d'Église à Neuchâtel, en mettant de nouveau l'accent sur l'importance de la discipline ecclésiastique.

Détail révélateur de la profondeur de la conviction protestante chez les prédicateurs : Farel bénira le mariage de Pierre Viret avec Elizabeth Turtaz, au mois d'octobre de cette même année. En outre, lors d'un court voyage à Strasbourg, Farel célébrera le mariage de Jean Calvin avec la réfugiée française Idelette de Bure. Après plusieurs décennies de réforme intense, sa participation à ces mariages sera sûrement une occasion de réjouissances.

Toutefois, l'œuvre réformatrice n'est pas encore terminée. Tout d'abord, l'expulsion de Genève apparaît telle une régression majeure pour les réformateurs. Personne ne sait vraiment ce que réserveront les prochaines années. Après une période d'avancées, les protestants allemands se retrouvent désormais face à une poussée catholique plus coordonnée. En outre, la condition des croyants réformés en France est plus sombre que jamais. Si les protestants doivent survivre, il leur est impératif de combiner leurs efforts.

Les progrès de la réforme en langue française des années 1530 vont-ils tomber dans les oubliettes de l'Histoire ? L'équipe des pasteurs rassemblés par Farel, y compris le jeune Calvin, pourront-ils travailler en étroite collaboration ou seront-ils dispersés à travers l'Europe ? Une vaste réforme durable ne verra-t-elle jamais le jour en France ? Comment ces prémices de la réforme vont-elles être solidifiées ?

chapitre 5

Poursuivre la réforme
(1541-1550)

Calvin retourne à Genève ; la réforme se poursuit dans tous les territoires francophones. Bien que Farel ne regagne pas Genève, le retour de Calvin, en 1541, marquera un tournant majeur pour lui. Calvin est et sera l'un des plus proches collaborateurs de Farel en matière de réforme ; leur amitié et leur travail d'équipe continueront de porter leurs fruits pour le reste de leur vie. En fait, Farel sera l'une des figures clés dans la propagation de ce que les générations ultérieures appelleront le « calvinisme ». À son époque, cependant, ceux qui se rangent de son côté sont souvent appelés « farellistes ». On suppose que si Calvin n'était pas entré sur la scène, des générations successives de réformés auraient peut-être lu « farellisme » au lieu de « calvinisme ».

La divergence d'opinions avec les représentants de Berne n'est pas encore réglée ; Calvin revient pourtant à Genève. Ce deuxième séjour à Genève cimentera la réputation de Calvin tant dans les territoires francophones qu'au sein du réseau international des réformateurs. Au début de septembre 1541, Calvin s'arrête pour rendre visite à Farel sur le chemin de son retour à Genève. Sans doute s'agit-il d'une visite que les deux hommes n'auraient pas imaginée les années précédentes. Néanmoins, c'est aussi dans un autre sens qu'elle est inattendue : les deux hommes se retrouvent de nouveau à des tournants dans leur carrière. Calvin regagne la ville qui l'a si brusquement expulsé des années auparavant. Farel, quant à lui, fait face à un défi : Neuchâtel l'a élu à l'unanimité en qualité de prédicateur, mais voici qu'à présent, il est menacé d'expulsion.

Beaucoup pourraient s'attendre à ce que Farel se joigne à Calvin pour regagner Genève. En vérité, l'invitation lui sera faite. Or, Farel s'est attaché à l'œuvre à Neuchâtel et souhaite prolonger son séjour pour une longue période, malgré la pression croissante visant à son expulsion. Curieusement, Farel a le sentiment qu'en partant à ce moment-là, il risquait de ne pas être de nouveau invité à Neuchâtel.

Comme à Genève, la pression émerge quand il en appelle à la discipline dans l'Église locale. Il ne s'agit pas juste d'un appel à la discipline en général, mais à propos de l'intégrité dans un cas particulier.

Bien qu'antérieure à la venue de Farel, la situation atteint son paroxysme en raison de la virulente insistance du réformateur. Elle concerne Madame du Rosay, fille de Georges de Rive, une figure dans le gouvernement de Neuchâtel. Cinq ans auparavant, elle épouse Monsieur du Rosay, et lui donne deux enfants. Cependant, pour diverses raisons, elle quitte son mari et se réfugie au château de son père. Même si une telle séparation semble banale un siècle plus tard, elle est perçue par tous comme une raillerie scandaleuse des vœux de mariage, à l'époque de Farel. Cette situation est laissée en suspens jusqu'à l'arrivée de Farel. Normalement, les autorités locales auraient dû contraindre la femme à revenir avec son mari, sous peine de sanctions en cas de refus. Mais les pouvoirs, à la fois civils et ecclésiastiques, n'ont pas voix au chapitre concernant ce qui se passe au château de Monsieur de Rive. De Rive est résolu à protéger sa fille, quel que soit le prix à payer.

Malgré le manque d'autorité juridique, Farel s'applique à persuader ses concitoyens au tribunal de l'opinion publique. Le fait que rien ne se fasse pour discipliner cette femme « adultère » et ce père qui ferme les yeux rend Farel encore plus acerbe dans sa prédication. Il soutient, avec véhémence, que cette femme est telle une nouvelle « Jézabel », et que son père est tel un nouveau « Judas », le tout induisant les gens en erreur. Ils n'agissent pas en fonction des préceptes de l'Écriture, mais d'après leurs propres volontés.

Les habitants de Neuchâtel sont divisés dans leur réaction vis-à-vis de Farel. Beaucoup, y compris les autres serviteurs de Dieu de la ville, perçoivent son appel à la discipline dans l'Église et dans la ville comme tout à fait à propos. En d'autres termes, il est grand temps que la ville soit débarrassée de personnes qui se contentent de professer la loi de Dieu. D'autres trouvent l'idée de la discipline appropriée, mais pas à la manière maladroite de Farel. Ils pensent qu'une solution adéquate au problème peut être trouvée, mais seulement après le départ de Farel, ce qui devrait laisser la ville en paix. Enfin, une minorité toutefois bruyante, en particulier Monsieur de Rive, est de plus en plus irritée par la prédication de Farel.

Les gouverneurs bernois estiment devoir ramener le calme dans cette situation. Même après une première tentative dans cette direction, ils sont obligés d'intervenir pour régler le problème de manière définitive. Ils auraient tendance à suivre ceux qui veulent voir Farel quitter la ville, mais en fin de compte, ils décident de lui apporter leur soutien, après avoir noté son engagement à réformer la ville ainsi que le soutien unanime qu'il reçoit de la part des pasteurs des autres cantons romands sous leur juridiction. C'est une victoire décisive pour les années à venir : Farel est autorisé à poursuivre sa prédication et reçoit la bénédiction renouvelée des Bernois.

Après cette épreuve, Farel sollicite et obtient des vacances d'un mois pour rendre visite à ses amis à Genève. En février 1542, il se rend à Genève pour y retrouver de vieux amis et constater le travail accompli par son jeune collègue, Jean Calvin. Après plusieurs années de stress, c'est un moment de détente, de paix et de réjouissances.

Ce cas particulier s'inscrit dans une préoccupation générale de Farel quant à sa liberté de prêcher explicitement sur la discipline dans l'Église. Au cours des années suivantes, Farel insistera maintes fois sur le fait d'instituer un ensemble plus général de normes pour le bien de la croissance dans l'Évangile. Aussitôt après avoir pris connaissance des articles proposés par Calvin pour la gouvernance de l'Église à Genève à l'automne 1541, Farel en présentera de semblables en vue de les faire adopter dans sa ville. En effet, Farel est las du laxisme avec lequel beaucoup prennent leurs engagements religieux. Par exemple, dans une lettre adressée à ses collègues à Zurich en avril 1541, Farel écrit : « La très sainte Cène est offerte aux plus profanes et aux plus impies des hommes ! À peine la refuse-t-on aux chiens eux-mêmes !» Aussi est-il encouragé lorsqu'il apprend que Calvin et les réformateurs des autres villes tentent de promouvoir une plus grande discipline.

Néanmoins, la discipline ne doit pas juste concerner la correction d'hypocrites ou d'individus aux comportements sexuels illicites. Il s'agit, en revanche, de garantir le bon fonctionnement de l'Église en général. Les propositions de Farel, comme celles de Calvin, concernent de nombreux domaines de la vie de l'Église : la forme du gouvernement local et régional de l'Église, le soin apporté aux nécessiteux, la fréquence de la célébration de la sainte Cène, l'instruction des enfants, la célébration des mariages, la louange collective, et bien d'autres choses encore. Farel comprend bien que la discipline n'est pas juste une question de commandements négatifs, mais surtout d'injonctions positives : la discipline ne consiste donc pas seulement à dire aux autres ce que l'on ne doit pas faire, mais principalement, ce que l'on doit faire.

Les notables locaux de Neuchâtel soutiendront Farel jusqu'à un certain point. Par la suite, ils commenceront à ressentir une trop grande pression. En dépit de cela, il y aura des progrès. Farel ne connaîtra plus la situation précaire du début de l'année 1541. À l'époque, il avait estimé que son départ signifierait pour sûr un non-retour. Mais avec le recul, on pourrait soutenir qu'à défaut d'être parti à ce moment-là pour apporter son soutien à d'autres villes, il ne serait peut-être pas revenu par la suite pour poursuivre cette œuvre si longtemps.

Depuis de nombreuses années, Farel s'est intéressé à l'avancement de l'œuvre réformatrice dans les villes francophones situées au nord de Neuchâtel, à savoir Metz et Montbéliard.

Cette région de Montbéliard avait été revendiquée pour la Réforme par son monarque, le duc Ulrich VI de Wurtemberg, en 1534. L'œuvre était en grande partie le fruit de Pierre Toussain (1496-1573), l'un des premiers disciples de Farel. Toussain avait mis en place une école, et réuni une assemblée de croyants qui organisait son culte, semble-t-il, selon *La manière etfasson* de Farel. Toussain avait vivement promu la réforme à Montbéliard ; il avait réussi à obtenir l'abolition de la messe en 1538. Malgré la colère des catholiques en partance, la sainte Cène y avait été célébrée pour la première fois en avril 1539.

Toussain était resté proche de Farel, et lui demandait de fournir toute l'aide qu'il pouvait lui envoyer. Farel facilitera donc la venue d'un certain nombre de pasteurs afin de remplacer les prêtres démissionnaires dans la région. Or, la région va changer de main. Le nouveau gouverneur sera plus enclin à admettre des pratiques estimées par Toussain comme étant favorables au catholicisme. Farel s'empressera d'adresser une longue missive aux pasteurs de Montbéliard, précisant la façon de tenir ferme quand d'autres vous demandent d'agir contre votre conscience. Le conseil s'avérera opportun, car la communauté réformée connaîtra une période de forte répression de la part des responsables catholiques.

Outre Montbéliard, on compte également Metz. Farel a bien connu la ville au cours de sa carrière : il l'a visitée pour la première fois en 1525, et y reviendra pour la dernière fois juste avant sa mort, en 1565. Mais son séjour le plus décisif est celui de 1542. Metz, ville francophone libre, fait nominalement partie du Saint-Empire romain germanique, malgré sa situation géographique limitrophe du royaume de France. Elle est cependant encore plus proche de la ville de Strasbourg, récemment devenue protestante, avec laquelle les marchands de Metz font du commerce. En dépit d'une forte présence catholique dans la ville, plusieurs membres de la classe dirigeante sont intrigués par « l'honneur et la parole du Seigneur », comme le dira Farel ; ils cherchent un moyen de favoriser la venue d'un prédicateur de la réforme dans leur cité.

Au-delà de la pression catholique à Metz, Farel et d'autres sont préoccupés par divers groupes « anabaptistes » qui gagnent du terrain. Ils craignent qu'à défaut d'établir rapidement une présence réformée, les « fervents » anabaptistes ne ruinent leurs chances. Calvin, pour sa part, redoute que cette « peste » anabaptiste gagne en notoriété parmi les habitants de la région. Lorsque Farel et Calvin parlent d'« anabaptistes », ils ne se contentent pas de désigner ceux qui ne baptisaient que les croyants, mais ceux qui semblent mettre en place un ensemble de nouvelles structures sociales. Farel n'a pas de problème de principe avec des magistrats dûment désignés ou certaines institutions sociales ; en fait, ses méthodes en matière de réforme dépendent généralement de leur coopération. Par conséquent, lorsque des groupes « anabaptistes » semblent, selon lui, mettre en péril ou critiquer ces magistrats, cela l'inquiète particulièrement.

À la fin de l'an 1541, plusieurs moines de la ville se mettent à prêcher l'Évangile ; ils sont rapidement réduits au silence. Toutefois, à partir de mars 1542, le nouveau gouverneur de la ville semble plus favorable aux idées de la réforme. Depuis Neuchâtel, Farel reste très attentif à ce qui se passe dans la ville ; il saisit l'occasion d'asseoir la réforme. Avec son frère Claude, Farel quitte Neuchâtel en août 1542. Entrant dans la ville au milieu d'une résurgence de la peste, il voit que les fidèles ont besoin de réconfort et de consolation.

Après plusieurs semaines d'attente et de négociations, Farel apprend que beaucoup ont un vif intérêt de l'entendre prêcher le dimanche 3 septembre. Devant une foule considérable, Farel prêche son premier sermon dans le cimetière d'un couvent dominicain, assis sur une chaise en pierre. Pendant la prédication de Farel, deux dominicains surgissent avec l'intention de l'arrêter, mais ils en sont empêchés. Les moines regagnent alors le monastère et se mettent à sonner les cloches de façon à couvrir la voix de Farel. Farel, paraît-il, ne ressentira aucune humiliation du fait d'être concurrencé par des cloches. Lorsque trois agents municipaux se présentent pour ordonner à Farel de faire silence, il leur rétorque qu'il préfère mourir plutôt que de se taire. À la suite du sermon, les dominicains sortent de leur monastère pour ôter la chaise en pierre, de sorte qu'elle ne soit plus profanée à l'avenir.

Le lendemain, Farel est convoqué devant le conseil du gouvernement local. On lui demande alors de quelle autorité il est venu prêcher en ville. La réponse de Farel est l'« appel de Dieu pour apporter son Évangile », ce qui ne convainc pas le conseil pour autant ; ils lui interdisent non seulement la prédication, mais aussi, la ville. Cependant, Farel a gagné le soutien de plusieurs citoyens influents. Il est donc placé sous un régime de protection jusqu'à ce qu'une situation plus favorable soit négociée. En outre, le nombre de personnes désirant l'entendre augmente au quotidien, jusqu'à atteindre au moins 3 000 personnes, selon l'estimation de ses amis. Il ne peut circuler librement en ville, mais reçoit de nombreux visiteurs dans la maison qu'il occupe, ce qui lui permet de leur enseigner les rudiments de la foi réformée.

Les négociations entre les réformateurs et les catholiques se poursuivent tout au long du mois de septembre. Diverses tentatives de soutien de la part des réformateurs de Strasbourg et de l'Empire sont repoussées. Les dirigeants catholiques, fortifiés par le soutien de la France, ne fléchiront pas. À la fin septembre, le duc de Lorraine les encouragera à bannir sur-le-champ tout prédicateur « luthérien » introduit dans la ville.

Néanmoins, tout n'est pas perdu. Tandis que les gouverneurs dressent des obstacles, un nombre croissant de gens redouble d'intérêt pour le message de Farel. Quelques personnes clés au sein du gouvernement affichent leur désaccord avec la majorité. De toute évidence, Farel ne peut pas prêcher en ville, mais la campagne environnante offre des sites appropriés. Ainsi, sous protection constante, Farel est invité à prêcher, début octobre, devant une foule d'environ 600 personnes, à proximité d'une grande maison, située à environ deux kilomètres au sud-est de Metz. Après plusieurs semaines, cette protection ne peut plus être assurée, mais entre-temps, Farel a l'occasion de prêcher devant des foules considérables, et même d'administrer le baptême à la fille d'un couple de réformateurs.

Successivement banni de la ville et de la région, Farel se retire un temps à Strasbourg, puis à Gorze, à une vingtaine de kilomètres à l'est de Metz. À Strasbourg, il rédige une petite brochure sur la prière et la confession, ainsi qu'une lettre au duc de Lorraine, lui demandant d'intervenir à Metz pour permettre un débat public en ville.

La situation semble s'engager sur la bonne voie, quand à la mi-mars, plusieurs représentants de la ville négocient la permission de prêcher dans l'une des chapelles de la ville pour un pasteur réformé. Toutefois, cette apparente ouverture à de nouvelles idées est annihilée par la venue de soldats catholiques de la région, lesquels dispersent les protestants de Metz et de Gorze, tuant un certain nombre d'entre eux. Farel parviendra à leur échapper en se déguisant et en restant caché alité sur un brancard.

L'écrasement de la présence évangélique à Metz renforce les opinions de Farel à propos des intentions ultimes des catholiques. À ses yeux, ce ne sont pas de simples chrétiens mal orientés, mais des serviteurs de Satan. Dans son traité sur la nature et la forme appropriées de la prière, rédigé au cours de cette période, Farel écrira :

Comme Satan qui, dès le début, par sa tromperie,
promit de grandes choses à la pauvre femme

[Ève] dans la mesure où elle désobéirait au commandement de Dieu, mais ne lui donna rien. La pauvre femme perdit tout ce qu'elle avait : la grâce, la justice, l'innocence, la sainteté et la piété. Et voici qu'à présent, le fils de la perdition [à savoir, le Pape], lequel, par la puissance de Satan s'est hissé au-dessus de tous, a mis devant nous ses commandements blasphématoires ; il nous a promis de grandes choses dans cette vie et la prochaine, mais nous a privés de tout ce que nous avions, et ne nous a rien donné.

Vers la fin de l'année, Farel écrit à Calvin que seul un miracle pourrait sauver l'Église de Metz. Toutefois, selon Farel, si les protestants de Metz ont été réduits au silence, l'oppression subie ne rendra leur piété que plus profonde tout en renforçant leur désir d'être délivré de la tyrannie qu'ils supportent. Incapable de retourner à Metz ou dans la région environnante, Farel regagne Neuchâtel, en septembre 1543.

Enfin, dans les années 1550 et 1560, alors que tant d'autres églises huguenotes sont enfin établies en France, les protestants de Metz reçoivent la permission de construire un lieu de culte. Sous la direction des pasteurs Pierre de Cologne et Jean Taffin, une assemblée se constitue, devenant l'une des plus connues parmi les huguenots de France. L'implantation d'une église à Metz est indubitablement une source de joie immense pour Farel. Invité par son ancienne bergerie à voir le fruit de la semence plantée tant d'années auparavant, Farel a la joie de se rendre à Metz, en mai 1564, où il prêche devant une grande foule rassemblée le dimanche matin. Les combats de cette église sont loin d'être terminés, mais les fidèles présents éprouvent un réel sentiment d'accomplissement, tout en attribuant la réalisation à la puissance de Dieu.

De retour à Neuchâtel, Farel continue de prêcher et d'accomplir ses fonctions pastorales. Sa façon d'aborder son œuvre réformatrice et son travail de pasteur est tout à fait identique. Sa passion est non seulement d'amener les perdus dans le droit chemin, mais de préserver les âmes sauvées sur cette même voie. Il semble évident que sans sa personnalité intensément passionnée, la majeure partie de son œuvre réformatrice serait restée du domaine de l'utopie. Là encore, il est de même manifeste que sa passion lui a souvent valu des antagonismes amplifiés en raison de son caractère.

Une vive tension dans la relation entre les pasteurs de Neuchâtel et le gouvernement local va résulter d'une série de désaccords relatifs à ce qu'il convient de faire avec l'argent et les biens autrefois sous contrôle de l'Église catholique. À qui profiteront désormais ces fonds et qui va se charger de leur distribution ? En guise d'exemple, Farel et les autres pasteurs sont inquiets au sujet des piètres possibilités de scolarisation à Neuchâtel ; elles ne sont pas aussi développées que dans d'autres villes réformées comme Genève. En conséquence, les jeunes hommes, en particulier ceux qui pourraient éventuellement devenir des pasteurs pieux et vraiment évangéliques pour les églises de Neuchâtel, ne peuvent bénéficier de formation. C'est vraiment regrettable, d'autant que la modeste école de Neuchâtel bénéficie d'un directeur phénoménal en la personne de Maturin Cordier (1479-1564). Farel avance donc l'argument que les fonds des anciens établissements catholiques sont plus que suffisants pour développer l'enseignement réformé. Néanmoins, son argument tombe pratiquement dans l'oreille d'un sourd. Certains investissements seront pourtant consacrés à la formation de pasteurs locaux, mais ce n'est rien de comparable aux attentes de Farel et des autres pasteurs. Farel est déçu que l'argent destiné, à l'origine, à des projets d'église soit utilisé (à savoir, volé) par l'État.

Farel consacrera beaucoup d'énergie à faire valoir son point de vue. En 1545, il sentira de nouveau peser sur ses épaules le poids d'une bataille apparemment désespérée. À ce stade de vulnérabilité, on lui offrira l'occasion de prendre le large. L'Église genevoise le contactera pour lui présenter la possibilité de venir en aide à Calvin, une offre évidemment très attrayante. Cela dit, pour des raisons similaires à celles de 1541, Farel ne se sentira pas libre d'accepter un tel appel l'obligeant à rester éloigné de Neuchâtel. Farel préférera donc demeurer à Neuchâtel. Outre le lot des défis relatifs au travail à Genève, il aura conscience de l'absence d'ouvriers prêts à poursuivre l'œuvre à Neuchâtel.

Farel vivra dans la même demeure proche de l'Église collégiale depuis son arrivée, en 1538, jusqu'à sa mort, en 1565. Reprise aux moines prêcheurs de la cathédrale, elle sera réservée au pasteur principal de la ville. Avec une vue splendide sur le lac et les montagnes et agrémentée d'un beau jardin, cette maison sera plus que suffisante pour le pasteur, tant qu'il demeurera seul. Mais il ne tardera pas à y loger rapidement des membres de sa famille.

Outre cette maison, Farel sera payé en nature par la ville : blé, vin, avoine, mais aussi en argent. Cet arrangement est économique et modeste, mais normalement suffisant pour les pasteurs comme lui. Bien que ne possédant pas de cheval, Farel n'aura aucune difficulté à en louer un quand il effectuera l'un de ses fréquents voyages.

À ce stade de sa carrière, sa vie personnelle de réformateur ressemble à celle d'un soldat ; ses amis sont des alliés de combat. Pourtant, il est encore entouré de beaucoup de proches, en particulier les membres de sa famille. Plusieurs de ses frères demeureront dans l'Église catholique en France, mais d'autres se réformeront. En fait, les relations avec ses frères, dont certains sont tout aussi passionnés que lui, sembleront être une source de joie pour Farel. Malgré son logement restreint, il lui arrivera souvent de les accueillir pendant de longues périodes au cours de ces années-là.

Néanmoins, les relations avec d'autres parents ne sont pas aussi plaisantes. Un en particulier couvrira de honte toute sa famille. Un cousin nommé Pierre, normalement connu sous le nom d'Ozias Trimund, devient pasteur dans un village voisin. En tant que membre de la famille, il est tout naturellement approuvé par Farel et ses frères, dans un premier temps seulement. Cela dit, il ne tarde pas à dévoiler ses vraies couleurs. La première sonnette d'alarme retentit lorsque Trimund « égare » une partie de l'argent confié par ses cousins. Les deux cousins pensent alors qu'ils doivent laisser cette question en suspens après l'objection formelle de Trimund. Pourtant, d'autres allégations des plus sombres éclatent bientôt au grand jour. Malgré le démenti absolu de Trimund, un sérieux doute plane sur son implication dans un assassinat, un viol et un cambriolage en France. En outre, plusieurs femmes se présentent pour attester que Trimund les a examinées de manière indésirable en prétendant avoir une formation en médecine. Enfin, des nouvelles d'avances sexuelles de Trimund faites à des domestiques, à des trayeuses et à d'autres jeunes femmes (y compris à sa propre cousine) sont trop nombreuses pour se voiler la face plus longtemps. Son cas est présenté devant les pasteurs de Neuchâtel : il est démis de ses fonctions. Farel demeurera disponible pour apporter à son cousin un soutien diaconal, mais, comme beaucoup d'autres, il sera soulagé de le voir quitter la région pour de bon.

Malgré les défis singuliers, le travail pastoral de base de Farel se poursuit tout au long de ces années. Le dimanche matin, il prêche à l'hôpital pour les malades ; ensuite, c'est dans la Collégiale où il s'adresse à tous. Après le service du matin, il enseigne les jeunes de la paroisse. Enfin, il prêche de nouveau dans la Collégiale en fin d'après-midi.

Au cours de la semaine, Farel prêche trois jours dans la chapelle de l'hôpital ; il rend souvent visite aux personnes confinées et aux malades à l'extérieur, et se retrouve avec les autres pasteurs le jeudi. Parmi les sujets qui traitent du bon ordre dans l'Église de Neuchâtel, les pasteurs évoquent les cas disciplinaires. Ces cas ne sont pas juste ce que les modernes appelleraient prudes, mais scandaleux, comme ceux de Trimund, le cousin de Farel. Les pasteurs savent bien que la piété de leurs paroissiens est directement liée à leur propre piété.

Un défi permanent pour Farel concerne les « anabaptistes » et les « libertins » de sa région. Les arguments anabaptistes ne sont pas nouveaux pour Farel. Il a sans doute entendu parler des problèmes qu'ils occasionnent aux réformés de Zurich et aux Pays-Bas. De plus, lui et Calvin ont déjà contré les arguments anabaptistes à Genève, en 1537. À présent, des enseignants similaires commencent à influencer les habitants de la région de Neuchâtel. En 1543, alors qu'un pasteur réformé baptise un enfant, plusieurs individus présents le mettent au défi de changer sa liturgie ; ils lui demandent : « Où trouvez-vous le baptême des petits enfants dans l'Écriture ? »

Ces menaces sont insignifiantes en elles-mêmes, mais les pasteurs de Neuchâtel les voient comme un défi majeur. Ils savent que ces défis initiaux ne sont que le début d'une attaque plus coordonnée sur l'ecclésiologie réformée. Ils ont raison, car peu de temps après, un agitateur anabaptiste local produit une traduction française d'un traité du prédicateur anabaptiste bien connu de Waldshut.

Calvin prête assistance à ses collègues de Neuchâtel en écrivant un court traité publié en juin 1544, « pour armer tous bons fidèles contre les erreurs de la secte commune des anabaptistes », honorant le travail des pasteurs de Neuchâtel. Les pasteurs de Neuchâtel, en particulier Farel, accueillent chaleureusement cette dédicace. Si les anabaptistes ne se laissent pas convaincre par le raisonnement imprimé, Farel est d'avis qu'ils doivent l'être par les autorités laïques.

Les conflits avec les « libertins », qui préfèrent se faire appeler les « spirituels », conduisent Farel à rédiger son long traité intitulé Le glaive de la Parole véritable. Farel pense sans doute que ce groupe d'individus finira par créer un mouvement et nuire considérablement à la réputation de ses actions réformatrices. Les idées « spiritualistes » ne sont pas nouvelles à l'époque de Farel : le temps de la loi et de la lettre a disparu, désormais remplacé par celui de l'Esprit. Cette idée apparaît de façon plus spectaculaire encore dans la pensée du mystique Joachim de Flore (1135-1202 env.). Pour Farel, le problème est que cette orientation déséquilibrée sur l'Esprit se fait au détriment du Fils et du Père, considérés respectivement comme le « littéral » et le « légal ». Cela veut dire que les formes extérieures du christianisme, y compris la prédication, les sacrements et les institutions de l'Église, ne sont pas fondamentales, à proprement parler. La Bible préserve son importance, certes, mais seulement dans le cadre d'une compréhension « spirituelle » (c'est-à-dire très allégorique). Il serait erroné d'appeler les « spirituels » un mouvement, car leurs opinions divergent grandement quant à l'interprétation des textes bibliques et aux modèles de la religion « spirituelle ».

Calvin a déjà rédigé un traité convaincant et accablant contre plusieurs de ces « spirituels », en 1545, et, de nouveau, en 1547. Néanmoins, Farel prend sa plume pour contrer la réponse de l'un de ces hommes à Calvin. Le glaive de Farel ne remportera pas de prix en matière de clarté ou de concision Il s'agit d'un volume de 488 pages de lecture répétitive privé du bénéfice de la subdivision en chapitres. Les modernes ne sont pas les seuls à avoir l'impression que ce livre est difficile à lire ; la plupart de ses collègues, y compris Calvin, trouvent l'ouvrage stylistiquement problématique. Néanmoins, Calvin et d'autres apprécient le soutien vigoureux de l'importance continue d'une lecture littérale de l'Écriture et de la foi manifestée dans la prédication, les sacrements et l'Église. « Bien que les libertins veuillent honorer l'Esprit, leur déni persistant de l'importance de Christ leur ôte tout honneur spirituel », écrira Farel. « Les libertins peuvent croire que les choses extérieures et littérales n'ont plus d'importance ou n'existent pas, mais, écrit-il, ce n'est que dans leur imagination. Parce qu'ils vivent dans un monde de faux-semblants, leurs problèmes ne font que s'accentuer », affirme-t-il. (Par exemple, croire que le diable n'existe pas, cela donne au diable, dont Farel connaît l'existence, plus d'espace pour accomplir son œuvre.)

Les conflits ne viennent pas seulement de l'extérieur, mais aussi de l'intérieur. Par exemple, durant ces années-là, Farel connaîtra un conflit plutôt amer avec un collègue à Neuchâtel. Jean Chaponneau, un ancien chanoine augustin et docteur de la Sorbonne, s'imagine qu'il va recevoir la distinction de premier pasteur de la ville après le départ d'Antoine Marcourt. Quel n'est pas son désenchantement lorsque Farel est promu à ce poste ! Chaponneau a une méthode de travail différente de celle de Farel. Bien que suffisamment instruit, Chaponneau n'apprécie pas entièrement l'enseignement de Farel et de Calvin, selon les dires de nombreuses personnes.

Il est très intéressant de noter que Calvin admire la façon dont Farel gère la situation avec Chaponneau. Dans une lettre adressée à Farel, en 1542, Calvin écrit qu'il aurait confronté Chaponneau sur-le-champ, mais que Farel a bien fait d'être modéré dans ses rapports. Depuis plusieurs années, la plaie ouverte entre Chaponneau et ses collègues s'est infectée, surtout lorsqu'il est menacé de censure. Mais de façon remarquable, Chaponneau renoue avec Farel au début d'octobre 1545. Le changement de ton a sans doute été motivé par l'aggravation de la santé de Chaponneau. En fait, il décédera le 22 octobre ; ses collègues garderont un souvenir attendri de lui après un combat commun pendant de nombreuses années.

Même si Farel a apprécié les quelques semaines de paix avec son collègue Chaponneau, cela n'annule en rien son désir d'avoir un collègue susceptible de collaborer plus étroitement avec lui. Après la présentation de plusieurs candidats avec lesquels Farel n'aurait travaillé qu'avec grande difficulté, un collègue compatible semble enfin sortir du lot. Les dirigeants bourgeois disent toutefois que c'est à eux et au peuple qu'il incombe d'inviter un pasteur. Ils contactent donc un ancien pasteur qui se déclare être prêt à revenir, mais avec lequel Farel ne peut pas travailler. Une fois de plus, il s'agit de savoir qui va contrôler l'église, en pratique. Farel est particulièrement critique à l'égard du gouverneur, ce vieux « renard » qui essaie de tout contrôler pour satisfaire sa propre soif de pouvoir. Néanmoins, les règles de sollicitation d'un nouveau pasteur manquent de clarté. Finalement, un candidat retenu précisera que c'est la Classe qui aura le droit d'élire un pasteur, sous réserve de ratification par le gouverneur, et avec l'accord du peuple. Le nouveau pasteur, Christophe Fabri, prend ses fonctions le mardi 23 mars 1546.

Farel poursuit son action, toujours aussi passionné pour la cause de l'Évangile dans la région. Même s'il est facile de blâmer Farel pour son caractère autoritaire, ses adversaires alimentent certainement ce feu. Au cours des premières années à Neuchâtel, il a assuré plus que sa juste part de la charge pastorale. Par conséquent, il est très heureux d'avoir un coéquipier qualifié. Dans une lettre adressée à Calvin, datant du 13 mars 1546, il écrira ceci : « Je loue Dieu de ce qu'il admoneste par ce moyen. Je suis certainement trop petit pour diriger la plus petite province dans l'Église du

Seigneur. Que Dieu, dans sa miséricorde, fasse en sorte que, ce qui me manque, Fabri le compense complètement. »

Juste après l'arrivée de Fabri, Farel reçoit de nouveau une invitation de la part d'une autre congrégation. L'Église de Lausanne est à la recherche d'un professeur de théologie pour son institut. En recommandant Farel pour ce poste, Calvin pense que son ami en appréciera le rythme plus lent ainsi que le défi d'enseigner. Or, Farel n'a toujours pas le sentiment de pouvoir partir librement. Quoi qu'il en soit, au goût des responsables de Berne, Farel est un peu trop calviniste pour diriger l'Église de Lausanne.

Outre la tension fondamentale relative à l'organisation d'une église, les pasteurs de Neuchâtel peuvent difficilement ignorer la rude épreuve que connaît le mouvement protestant dans toute l'Europe. En 1546-1547, l'empereur Charles Quint s'oppose aux princes territoriaux protestants dans la guerre de Smalkalde, et met en place les lois de l'« Intérim d'Augsbourg », en mai 1548. Ces lois « intérimaires » (c'est-à-dire provisoires « jusqu'à la décision du conseil général ») ordonnent aux protestants de l'Empire d'adopter de nouveau les croyances et pratiques catholiques traditionnelles, y compris les sept sacrements ; elles autorisent, par ailleurs, le mariage des serviteurs de Dieu et la sainte Cène dans les deux camps.

Charles Quint, conscient d'avoir remporté une bataille, ne peut aller de l'avant sans adopter une sorte de compromis. Ces premières conventions ouvrent la porte à de futurs accommodements, ce qui revigore les luthériens. Les théologiens réformés des territoires suisses prennent conscience de la situation politique précaire et de plus en plus tendue des théologiens luthériens. Manifestement, ils ont besoin de créer des liens plus étroits entre eux s'ils veulent survivre à la pression croissante générée à la fois par un front catholique uni et par un front luthérien uni.

Mis à part un encouragement enthousiaste rédigé par Calvin contre le Concile de Trente et l'Intérim, Farel écrit ses propres œuvres visant à renforcer le témoignage réformé. Dans plusieurs traités, Farel expose avec passion les problèmes liés au retour à des formes de culte catholique. Cela apparaît de manière particulièrement évidente dans une lettre publique rédigée en 1548 par Farel, et adressée « à tous les seigneurs et les peuples et les pasteurs auxquels le Seigneur m'a donné accès, et qui m'ont aidé et assisté dans l'œuvre de notre Seigneur Jésus-Christ... » La lettre est remarquable par son importance biographique qui nous aide à retracer le détachement de Farel du catholicisme, mais aussi par le fait qu'elle constitue un outil permettant de mesurer la passion continue de Farel pour la réforme. Avec les catholiques qui reprennent le dessus dans les territoires environnants, Farel écrit ici que les protestants doivent s'accrocher à la vérité de toutes leurs forces, tout comme il l'a fait, selon lui (ou a été autorisé à le faire, par la grâce de Dieu). Il est celui qui fut affranchi de cette confiance qu'il avait autrefois placée dans le pape, considéré alors « comme Dieu ». Cette ancienne vision de la vie l'avait poussé à croire à des morceaux « de la croix, des pèlerinages, des images, des vœux, des os et tant d'autres diableries ». Il dit : « J'étais plongé jusqu'aux abîmes de toute iniquité, idolâtrie et malédiction, plus qu'on ne pourrait dire. » Il serait vraiment dommage, pensait Farel, pour tout protestant, de revenir à l'idolâtrie catholique après avoir combattu aussi longtemps pour en être affranchi.

Dès les premières années, les églises réformées des territoires suisses (Bâle, Berne et Zurich) étaient toutes attachées à une compréhension zwinglienne de la sainte Cène. Ceci est démontré dans le débat de Berne, qui a lieu en 1528 ; dans les positions de Zwingli et d'Œcolampade, au cours de leur conversation avec Luther à Marburg, en 1529 ; et dans les différentes présentations des réformateurs francophones comme Viret, lors du débat de Lausanne, en 1536.

Toutefois, l'unité parmi les prédicateurs suisses n'est pas absolue. Déjà, en 1536, les idées de Martin Bucer à Strasbourg commencent à avoir un effet sur la Suisse. Bucer, bien qu'essayant de chevaucher les vues zwingliennes et luthériennes sur le sacrement, finit par se ranger dans le camp des luthériens. Durant ces mêmes années, Farel et Calvin prennent connaissance de ses opinions et les apprécient. Ils ne se sentent pas à l'aise avec le fait que Bucer accorde, à l'instar de Luther, une importance excessive à la puissance extérieure du sacrement ; ils sont néanmoins inspirés par son intérêt renouvelé par la puissance de l'Esprit. L'action de l'Esprit sur le croyant lors de la célébration de la sainte Cène devient déterminante dans leur compréhension de la vérité et de la spiritualité. Malgré cette nouvelle conception « spirituelle » de la sainte Cène, qui laisse la porte ouverte à la langue instrumentale (c'est-à-dire que quelque chose est vraiment offert lors de la Cène) sans parler d'une présence corporelle de Christ, beaucoup de Suisses ne sont toujours pas convaincus. Beaucoup seront d'autant plus rebutés que certains disciples de Luther vont intensifier leur critique à l'égard de la théologie zwinglienne, même après la mort de Luther, en 1546.

Farel, qui note, dans les territoires voisins, un regain des théologies zwingliennes et luthériennes, deux théologies asymétriques, écrit à Calvin en février 1548. Il l'encourage à se rendre à Zurich afin de travailler à un accord avec l'autre Suisse réformée, et lui recommande la modération et la prudence. Bien qu'ayant perdu son épouse, Idelette de Bure, le 29 mars 1549, Calvin accepte et part pour Zurich, le 20 mai 1549 ; il prend Farel au passage, à Neuchâtel. À Zurich, on leur fait bon accueil et ils ne tardent pas à obtenir un document qui sera accepté par l'autre Suisse réformée. Cet accord, le « consensus de Zurich » (du latin, Consensus Tigurinus), publié en latin, en 1551, est bref ; néanmoins, il couvre les points contestés les plus importants relatifs à l'enseignement des sacrements. Comme prévu, il réaffirme la plupart des positions clés de l'enseignement de Zwingli, tout en soulignant davantage l'œuvre de l'Esprit pendant la sainte Cène.

Même si certaines églises suisses manquent d'enthousiasme concernant ce document, toutes les assemblées finissent par l'adopter. Calvin et Farel sont fortement encouragés par cette visite à Zurich. Calvin écrira plus tard à un pasteur de Bâle à ce sujet : « Chose que je n'avais espérée et que personne n'aurait jamais espérée après les préludes de l'affaire, Dieu a béni cette première assemblée de telle façon qu'en deux heures, nous avons établi le texte qui vous a été communiqué. Tout le mérite de cette négociation revient à Farel, car il était le seul à y penser. »

chapitre 6

La réforme à l'étranger et à la maison (1550-1560)

Farel travailla avec acharnement pour la cause de la poursuite de la réforme à Neuchâtel, durant la décennie précédente. Or, les nombreux conflits furent sans aucun doute éreintants pour lui. Avec un quelconque soulagement, il entre dans une période de calme relatif dans sa vie. À Neuchâtel, les années à venir seront consacrées à des synodes ainsi qu'à l'organisation de diverses congrégations. En outre, au cours de ces années-là, Farel verra la Réforme gagner du terrain dans divers endroits, y compris dans de nombreuses villes de France. Farel, maintenant âgé de plus de soixante ans, montre également des signes de stress liés à plusieurs décennies de travail assidu et ardu pour la réforme, surtout avec son lot de conflits inévitables. La décennie suivante se caractérise par l'œuvre réformatrice à Neuchâtel, y compris une réforme surprenante dans sa propre vie.

Ayant séjourné dans la région depuis plus d'une décennie, Farel a déjà assisté au départ de certains de ses collègues et à l'arrivée de nouveaux collègues. Il jouit de bonnes relations, en particulier avec son collègue Ambroise Blaurer (1492-1564), pasteur dans la ville voisine de Bienne. Étant lui-même ami de l'illustre réformateur allemand Philippe Melanchthon (1497-1560), Blaurer a des contacts dans toute l'Allemagne. Comme Farel, il est animé du vif désir de poursuivre la réforme dans les territoires français contrôlés par Wurtemberg.

L'importance d'une relation de confiance est aussi perceptible dans un désaccord potentiellement ruineux avec Fabri, son collègue de longue date. À une occasion, en 1553, Fabri et Farel ont une divergence d'opinions concernant une décision touchant au baptême. Dans une paroisse locale, une mère a permis à sa fille d'épouser un catholique. Le couple a un enfant, et voilà que la même mère (désormais grand-mère) demande si l'enfant peut être baptisé. Fabri acquiesce pour la raison suivante : étant donné que la grand-mère a publiquement professé son appartenance à l'alliance, et qu'elle a certifié qu'elle prendrait l'initiative de l'éducation de l'enfant, elle doit avoir la possibilité de présenter l'enfant pour le baptême. Farel n'est pas convaincu. Pourquoi cette mère, qui a montré un tel mépris pour l'alliance en permettant à son enfant d'épouser un catholique, la respecterait-elle à présent pour son petit-fils ? Bien que l'objet de ce débat soit si important (en particulier, pour la famille concernée), il n'engendrera pas de conflit. Au contraire, leur profond respect mutuel permettra le maintien d'une relation de travail personnel exempte de clivage.

Ce genre d'amitié de la part de ses collègues sera particulièrement poignant pour Farel à l'approche de la mort, au début des années 1550. Au printemps 1552, Farel tombe gravement malade, et récupère uniquement au mois de juin de cette même année. Mais en mars 1553, Farel frôle la mort en raison d'une crise de pneumonie. Calvin arrive de Genève pour être à ses côtés durant les jours qui semblent être les derniers pour Farel. La réalité de la situation prend forme lorsque Farel rédige son testament. Dans l'introduction, Farel souligne qu'il est indigne et incapable d'obtenir par lui-même la faveur de Dieu, et il affirme sa confiance dans le Père miséricordieux. Dans ce testament, Farel raconte comment Dieu l'a libéré de la papauté, et lui a permis de servir dans le ministère de la Parole. À la suite de ce témoignage, il désigne les différents destinataires de ses possessions matérielles. Bien que rédigé, son testament ne sera pas encore nécessaire. Au cours des semaines suivantes, il reprend progressivement des forces. Le testament servira néanmoins un but : quand il décédera en 1565, il restera inchangé, à l'exception de certains bénéficiaires.

Farel a donc des collègues à Neuchâtel qui semblent lui apporter un peu de répit durant ces années, mais d'autres défis à l'étranger tracassent l'esprit du réformateur. Par exemple, Farel soutiendra Calvin dans deux débats publics avec des adversaires très pugnaces. Tout d'abord, Farel appuiera Calvin dans son effort d'expulser Jérôme Bolsec (mort en 1584), théologien et docteur français de Genève, à la suite de sa contestation publique de la pensée de Calvin sur la prédestination. Deuxièmement, Farel jouera un rôle tardif, mais décisif, dans l'exécution du théologien et docteur espagnol, Michel Servet (1511-1553). Déjà condamné à mort par les catholiques en France pour ses enseignements unitariens, Servet débarquera à Genève en août 1553, où il sera arrêté pour la même raison. Quelques individus notables critiqueront les Genevois, en particulier Calvin, pour son intolérance dans cette condamnation.

Même si nous pouvons trouver le fait troublant à l'époque actuelle, il convient de reconnaître que la quasi-totalité des théologiens et magistrats de l'époque en Europe, toutes confessions confondues, aurait perçu l'enseignement de Servet comme fondamentalement destructeur pour la société civile, le rendant, par conséquent, digne de la peine capitale. Farel se rangera formellement du côté de cette majorité au XVIe siècle. Il viendra à Genève pour assister à la condamnation définitive, et être présent aux côtés de Servet dans ses derniers moments. Il rendra visite à Servet en prison, le matin même de sa condamnation, et lui demandera de se repentir de son enseignement. Les intentions de Farel auraient pu être interprétées différemment, mais sa propre perception de son rôle sera d'assurer une présence humaine durant les dernières heures de Servet. Farel voudra l'accompagner jusqu'à sa mort, mais sera endurci en faveur de la peine capitale en voyant Servet persévérer dans des déclarations jugées par Farel comme théologiquement et moralement offensives. De toute évidence, Farel aura le sentiment que Servet était passible du bûcher fatal ; sa peine sera exécutée le 26 octobre 1553.

Au cours de ces années de calme relatif, comme en témoigne son soutien continu à Genève, Farel ne se contente pas de concentrer ses efforts simplement sur la poursuite des réformes à Neuchâtel. Au contraire, ses forces diminuent, mais il souhaite investir autant d'énergie que possible pour soutenir les églises dans d'autres régions. En mai 1556, Farel entreprend une brève tournée de prédications à Aigle, dans la zone voisine à sa première affectation suisse. Bien qu'il puisse prêcher à Aigle, les Bernois ont pris récemment le contrôle des zones montagneuses au sud et à l'est. Farel trouvera passionnant le contact avec ses anciens paroissiens, mais les montagnes de la région l'épuiseront.

Farel souhaite également soutenir la croissance des églises persécutées en France, en particulier des Vaudois harcelés. Il a l'idée de solliciter de l'aide auprès des princes protestants allemands en faveur des frères de France. Farel part pour les territoires allemands, accompagné de Théodore de Bèze (1519-1605), un théologien de plus en plus important à Lausanne et à Genève (après 1558). Farel et Bèze rendent une première visite aux princes allemands pour leur expliquer la confession des croyants réformés persécutés en France, principalement sur les questions controversées comme la présence de Christ dans le sacrement. Leurs points de vue témoignent d'une certaine tolérance de la façon luthérienne de parler du sacrement, sans doute parce qu'ils ont désespérément besoin d'être soutenus par les Allemands. Toutefois, de retour en Suisse, ils sont réprimandés par d'autres, en particulier par ceux de Berne et ceux de Zurich, pour avoir présenté une déclaration apparemment confessionnelle, au nom des églises suisses, sans les avoir consulté au préalable. La déclaration confessionnelle est d'autant plus exaspérante qu'elle a un parfum de luthéranisme.

Bien que Farel et Bèze réussissent à calmer les craintes de la plupart des théologiens, ils retournent en Allemagne, plus tard dans l'année, pour plaider de nouveau devant les princes allemands en faveur des frères persécutés de Paris. Avec Melanchthon et d'autres grands ecclésiastiques allemands, ils se réunissent lors du colloque de Worms, où Bèze propose une union de tous les chrétiens protestants, idée qui n'ira pas bien loin. Trop de questions théologiques et personnelles entre les théologiens les plus résolument luthériens et les théologiens les plus résolument zwingliens restent à débattre. Le principal obstacle à l'union est la condition absolue imposée par les luthériens sur l'adoption de la Confession d'Augsbourg. Connaissant l'intention des auteurs originaux, Farel pense qu'il sera impossible de l'adopter, mais il reste minoritaire. Une fois de plus, les Bernois et les Zurichois ne sont pas impressionnés.

Bien que l'union soit irréalisable, les princes protestants allemands s'engagent à réfléchir à une façon de venir en aide à leurs coreligionnaires français. La pression politique qu'ils finissent par exercer sur la France semble coïncider avec une diminution de la persécution dans tout le royaume.

Farel prend de l'âge, tout en poursuivant néanmoins la lutte pour la réforme. En 1556 et 1557, il saisit l'occasion de la faire progresser dans la zone située entre Neuchâtel et Bâle. Dans le passé, il avait remporté quelques victoires sur ce territoire, mais les portes semblent fermées depuis plus d'une décennie. Les magistrats de la région ne manifestent pas davantage d'intérêt à entendre prêcher la réforme, mais

Farel apprend que plusieurs notables, principalement un professeur de l'école locale, peuvent lui ouvrir les portes. Il quitte donc Neuchâtel pour sonder le terrain qui semblait auparavant si difficile.

Curieusement, dès son arrivée en ville, des centaines de personnes viennent l'écouter. Cette absence de résistance le réjouit : « Jamais nous ne sommes entrés dans une ville où nous ayons été reçus plus amicalement et avec plus d'honneur... la chance de pouvoir parler fut merveilleuse ! » Mais sa joie est de courte durée. Peu de temps après, plusieurs magistrats locaux le notifient de l'illégalité de son activité, et l'accusent de « semer l'ivraie » parmi le blé. Farel ne tarde pas à se défendre : « J'ai prêché Christ seul, et Christ crucifié, vraiment sage, juste, parfait, entièrement bon [...] Une prédication si sainte et pure ne saurait être appelée semence d'ivraie [...] » Malgré sa défense, Farel se voit dans l'obligation de quitter la ville le lendemain. Il reviendra peu de temps après avec une lettre du gouvernement de Berne garantissant sa protection, mais cela ne suffira pas. Il captera l'attention de nombreux citoyens locaux, mais pas celle des classes dirigeantes. Puisque Farel est privé du genre de soutien qui était si réel dans tant d'autres villes et villages suisses, la réforme restera ici impossible.

La grande surprise de la décennie survient en 1558, lorsque Farel annonce aux paroissiens et à ses collègues médusés son intention de se marier. Il semble « inopportun » que ce réformateur fonde une famille, alors que sa vie touche à sa fin. La surprise, cependant, ne concerne pas *juste* le fait que ce célibataire apparemment endurci de soixante-neuf ans se marie. Il est décidé à prendre pour épouse une adolescente de seize ou dix-sept ans ! Depuis de nombreuses années, Farel accueillait chez lui des personnes nécessitant un hébergement, en particulier les membres de sa famille. Mais en 1557, les membres de sa famille n'ont plus besoin d'être logés. Farel ne demeure pas longtemps seul, et se félicite d'accueillir la veuve d'Alexandre Thorel, accompagnée de son fils et de sa fille adolescente, Marie, réfugiés de la persécution religieuse en France. Mme Thorel deviendra l'intendante de la maison de Farel pendant un certain temps, mais en raison d'une santé défaillante, elle décédera au cours de sa première année. Normalement, Farel aurait dû chercher un autre logement pour Marie, mais de toute évidence, il s'est attaché à elle. Quand il lui demande de l'épouser, elle accepte sa proposition. Afin de ne pas faire de scandale, Farel prendra la décision de se rendre à Metz pour aider l'église jusqu'à la date du mariage.

Avant de partir pour Metz, Farel se rendra à Genève pour demander l'avis de Calvin sur cette affaire ; il l'invitera à la cérémonie de mariage. Consterné par le manque de bon sens de son cher collègue, Calvin lui répondra qu'il n'assistera pas au mariage, mais voyant qu'il ne pourra l'arrêter, il suggérera que le couple ne perde pas de temps. Bien d'autres collègues, tout aussi choqués, ne partageront pas l'opinion de Calvin : il aurait mieux valu que les fiançailles soient annulées ! L'avis de Calvin les calme cependant : le scandale est déjà là ; il ne sert à rien de tenter d'enrayer les plans de Farel. Malgré les protestations de ses collègues, l'annonce officielle sera proclamée à l'automne 1558, et le mariage célébré le 20 décembre. Le couple aura un enfant, Jean, qui sera baptisé le 22 juin 1565, mais qui décédera malheureusement en 1568.

L'incident créera un fossé entre les deux réformateurs, peut-être pour le restant de leur vie. Ils se reverront avant le décès de Calvin, mais leur relation se traduira par la diminution singulière de leur correspondance réciproque et la rareté d'accord sur des projets communs. Calvin gardera du respect pour Farel en qualité de réformateur consacré, mais ne semblera guère savoir comment s'y prendre avec son collègue plus âgé aux agissements franchement imprudents. Les biographes de Farel du début du XXe siècle ont l'habitude de citer une phrase célèbre de Blaise Pascal pour saisir le raisonnement du réformateur à ce sujet : « Le cœur a ses raisons que la raison ne connaît pas. » La phrase de Pascal peut mettre fin à notre questionnement, la décision de Farel n'en demeure pas moins une énigme troublante pour tout biographe du réformateur.

Farel achèvera son œuvre cette même décennie avec la dernière de ses publications : *Du vrai usage de la croix de Jésus-Christ*. Contrairement au *Glaive*, rédigé plusieurs années auparavant contre les « libertins », le texte est facile à lire et contient des thèmes développés de manière plus explicite. Ce livre est remarquable, car il présente également un certain nombre de sections autobiographiques nous permettant de comprendre sa perception de la religion de sa jeunesse. La thèse principale défendue dans son ouvrage, c'est que tandis que les catholiques abusent de la croix, nous devons l'utiliser comme le recommande l'Écriture. « Les catholiques, dit Farel, abusent de la croix, car selon eux, il s'agit d'un instrument de pouvoir magique, une chose ayant un sens en dehors du Christ crucifié. » Farel est particulièrement critique à l'égard de toutes sortes de superstitions liées aux morceaux de la « vraie croix ». Ainsi que nous l'avons mentionné, Farel voit cela comme une mystification volontaire de la part du clergé catholique. « Mieux vaut, dit-il, ne penser qu'à la croix de Golgotha qui a porté le Christ. Plus encore, cette croix n'est plus rien puisque le Christ n'y est plus. Le fait de se raccrocher à des morceaux d'une croix vide conduit à une expérience religieuse vide. »

chapitre 7

La réforme jusqu'à la fin
(1560-1565)

L es événements qui se produisent en France au début des années 1560 sont à la fois exaltants et terrifiants pour Farel et le mouvement réformé francophone alors en plein essor. Malgré la persécution, la foi nouvelle a bien progressé dans tout le royaume. Beaucoup de gens issus de la bourgeoisie et de plus en plus de gens issus de la haute noblesse viennent à la foi et la défendent publiquement. Les synodes organisent le réseau des églises et tentent d'unifier leur voix dans une confession de foi. Malgré une tentative d'assassinat du roi, une réunion des États généraux de France est organisée en 1561, incluant un débat religieux public à Poissy. En janvier 1562, la couronne de France publie un édit accordant une tolérance limitée aux protestants dans le royaume, l'édit le plus favorable à ce jour. Beaucoup d'églises ont été implantées et organisées au cours de la décennie précédente, et d'autres sont en bonne voie. L'avenir pour les protestants français semble donc lumineux.

Pourtant, des nuages menaçants se forment à l'horizon. Le 1er mars 1562, Francis, le deuxième duc de Guise, voyageant sur ses terres, s'arrête à Vassy, pour assister à la messe. À son horreur, il trouve une grande assemblée de huguenots en train de célébrer le culte dans une grange. Certains de ses hommes tentent d'y entrer avant d'être refoulés. Alors que la situation dégénère, il semble que le duc est frappé par une pierre. Outré, il ordonne à ses hommes d'encercler la ville et incendie l'« église » huguenote. L'incendie causera la mort de plus de soixante individus, et un grand nombre sera blessé.

Bien que ce massacre soit important en lui-même, il conduira à la formation de partis catholiques et huguenots, ainsi qu'aux hostilités ouvertes entre les deux, la première guerre de religion en France. Cette première guerre prendra fin avec le traité de paix d'Amboise, en mars 1563. Toutefois, des hostilités ultérieures ravageront la France jusqu'à l'édit de Nantes, en 1598, qui accordera, de nouveau, certains privilèges plus importants aux huguenots dans le royaume.

Malgré la menace réelle de persécution, de nombreux pasteurs français exilés en Suisse regagnent leur terre d'origine. Parmi eux se trouve Farel, qui nourrit encore la passion de répandre le message de la réforme dans son pays natal, bien qu'il ait passé tant d'années sur le territoire suisse. Au milieu de l'année 1561, il apprend qu'il peut se rendre utile en France. Une ville touche particulièrement son cœur : sa ville natale de Gap.

Au milieu de l'année 1561, Farel reçoit la nouvelle que Gap est à la recherche d'un pasteur expérimenté pour participer à l'affermissement de leur congrégation naissante. Gap a d'abord sollicité le prédicateur éloquent Pierre Viret pour remplir cette fonction, mais à l'époque, il est malade. Farel, quant à lui, saute sur l'occasion. Même si certains tenteront de l'en dissuader, pour des raisons de santé ou des raisons émotionnelles, sa volonté d'accomplir quelque chose dans cette ville restera inébranlable.

Il arrive donc à Gap le samedi 15 novembre. Il est bien reçu par la congrégation naissante, et invité à prêcher dans la chapelle de Sainte-Colombe. Bientôt, la congrégation doit se rendre à l'évidence : le bâtiment est trop étroit pour le nombre croissant de personnes désireuses d'entendre le fils du pays prêcher les idées de la réforme. Un magistrat catholique local lui rappelle que la prédication dans ces types d'espaces publics est réservée au clergé catholique, les protestants étant autorisés à prêcher seulement dans des maisons privées. Loin d'être découragé par les limitations imposées par des magistrats catholiques, il trouve deux maisons susceptibles d'accueillir ses auditeurs. Tout au long de l'hiver et du printemps, Farel prêche et dispense des conseils à cette jeune église. Il reçoit, semble-t-il, à son domicile temporaire, un flot très régulier de visiteurs, ce qui ne manquera pas de saper son énergie. Cela dit, il n'est pas sans soutien : une troupe de douze anciens et un diacre expérimenté sont mis en place en cours de route. En outre, Farel ajoute un converti très connu à l'Église de Gap : l'évêque catholique ! En effet, cet évêque, Gabriel de Clermont (1526-1571), sera l'une des personnalités influentes de Gap converties pendant le séjour de Farel ; il deviendra un soutien de taille à la cause des huguenots durant les incessantes guerres de religion.

Le travail dans son pays natal est passionnant, mais Farel a des engagements antérieurs qui l'obligent à regagner Neuchâtel. Ayant reçu des nouvelles de la part de collègues et de membres inquiets de la congrégation, Farel rentre à Neuchâtel en avril 1562. Pendant son absence, l'Église de Neuchâtel a organisé des réunions en janvier pour discuter du projet de création d'un comité de pasteurs susceptibles de rendre un jugement sur les problèmes moraux, projet fortement soutenu par Farel. Ses collègues souhaitent manifestement son retour à Neuchâtel pour que ce nouveau programme de réforme devienne une réalité, chose qu'ils pensent nécessaire pour affermir la foi de leurs paroissiens.

Malgré son retour au travail en 1562, Farel ne semble pas avoir l'énergie nécessaire pour accomplir toutes les activités qu'il souhaite encourager. En examinant le travail qui l'attend à Neuchâtel, il est frustré de ne pas avoir de pasteur assistant légitime (Christophe Fabri sert en France, à cette époque) ; il est aussi fatigué de voir tant de gens réfractaires aux idées avancées par ses collègues en vue d'une meilleure discipline au sein de l'Église. En étudiant les grands défis qui attendent l'Église en France, il songe à des moyens de la soutenir.

Jamais il n'aurait cru que les choses se passent ainsi, mais il vivra plus longtemps que son collègue genevois, Calvin. Malgré leur relation tendue, ils auront encore beaucoup de respect l'un pour l'autre jusqu'au crépuscule de leur vie. Calvin est malade depuis un certain temps déjà, mais en 1564, son état de santé décline. Farel écrit à Calvin son souhait de lui rendre visite. Il lui reste peu de temps. Début février, Calvin prêche son dernier sermon ; début mai, il assiste à ses dernières réunions avec des collègues, et rédige ses dernières lettres. Dans une lettre à Farel datant du 2 mai, il remercie son collègue pour ses pensées et lui rappelle qu'ils verront, au ciel, le fruit de leur travail commun. Calvin fait remarquer que sa difficulté croissante à respirer lui dit que la fin est proche, mais que Farel, avec ses propres difficultés, ferait mieux de ne pas songer à se rendre à Genève.

Dès la réception de cette lettre, Farel part pour Genève. Certaines versions de ces événements prétendent qu'il aurait fait tout le chemin au pas de course. Bèze écrira que Calvin et Farel ont bénéficié d'une entrevue en soirée, un temps apparemment passé à parler, à manger et à se remémorer leur amitié durable et leur association dans l'œuvre du Seigneur. Le lendemain, Farel prêchera lors d'un rassemblement à Genève puis regagnera Neuchâtel. Sa brève visite sera opportune, car Calvin ne survivra guère plus longtemps : il s'éteindra le 27 mai 1564, en début de soirée.

Farel n'aura pas à attendre plus longtemps pour rejoindre son collègue. De façon surprenante, le réformateur alors âgé de soixante-quinze ans entreprend sa dernière tournée de prédications. Des amis de l'Église de Metz l'invitent à leur rendre visite pour constater le « fruit de son travail » initié vingt ans auparavant. La semence alors « enfouie dans le sol » est à présent manifeste. Malgré les difficultés liées au voyage, Farel se rend à Metz pour y prêcher au milieu du mois de mai. Farel est certes heureux de voir le profond respect et l'attention hors du commun que suscite son sermon. Nul doute que la vision d'une autre ville française bénéficiant d'une congrégation réformée apparemment solide est un énorme encouragement pour un serviteur consumé du désir d'y voir l'Évangile prêché. Il leur enverra une note d'encouragement et de remerciements en juillet 1565 – sa dernière lettre ayant subsisté.

Le voyage à Metz s'avérera être son dernier. Il sera bref et exquis, mais particulièrement éprouvant. De retour à Neuchâtel, à la fin du mois de mai, tout le monde se rendra compte que le long voyage a affecté la santé du réformateur vieillissant. Les premières semaines consécutives à son retour, il les passera au lit, entouré de nombreux paroissiens et collègues qui croiront ne jamais le revoir. Fidèle à son habitude, il consacrera la plus grande partie de son énergie à exhorter ces visiteurs à suivre Christ et sa Parole.

Farel s'éteindra le 13 septembre 1565. Après une longue et tumultueuse existence consacrée au service de son Seigneur, ainsi qu'il le rappelle à chacun dans son testament, il est enfin béni de profiter de sa vie éternelle sans le fardeau de ce corps mortel. Le texte et le témoignage de sa volonté sont identiques à ceux de 1553, mis à part l'ajout de la prise en charge de sa femme et de son enfant. Contrairement à la tombe anonyme de Calvin, Farel sera inhumé dans une chapelle de l'Église Collégiale, au centre de Neuchâtel. Le conseil de la ville et de l'église ordonneront un jour de deuil en l'honneur de ce « père » à jamais passionné pour la réforme chez les francophones.

chapitre 8

La pensée et l'héritage du réformateur

CARACTÈRE ET MISSION

Réformateur de première heure dans les régions francophones de l'Europe, Farel est probablement mieux connu pour sa passion. Dans la plupart des biographies ou des articles consacrés à Farel, on y souligne volontiers sa personnalité de « bulldozer », mais on la critique également avec subtilité. Pour beaucoup, la force de caractère de Farel n'est pas nécessairement un atout ; au contraire, elle est souvent perçue, même au XVIᵉ siècle, comme un obstacle à la progression de la réforme. Le plus souvent, cette *faille* dans le caractère de Farel est comblée par la patience de réformateurs plus iréniques, comme Calvin. Considérons quelques mots de Philip Schaff, célèbre historien suisse américain du XIXᵉ siècle, spécialisé en ecclésiologie. Notez

le discours typique de cette version de l'œuvre et de la
personnalité de Farel :

> *Le travail de Farel était destructif plutôt que
> constructif. Il pouvait démolir, mais ne pouvait pas
> édifier. Il était un conquérant, pas un organisateur
> de ses conquêtes ; il était un homme d'action, pas un
> homme de lettres ; il était un prédicateur intrépide,
> pas un théologien. Il perçut ses défauts et passa le
> relais à son jeune ami Calvin, au génie exceptionnel.
> Dans un esprit de franche humilité et d'abnégation
> sincère, il fut disposé à diminuer de sorte que Calvin
> puisse croître. C'est la caractéristique la plus noble
> de sa personnalité.*

Même si cette citation peut se rapprocher de la réalité
en bien des points, elle situe la vie de Farel dans un récit qui
n'est pas forcément authentique. L'œuvre de Farel devient
purement l'antithèse entre la thèse catholique romaine et la
synthèse calviniste.

Cette citation manque d'authenticité, l'histoire étant
beaucoup plus complexe que cela. En effet, on ne peut
adopter un point de vue qui n'apparaît pas vraiment dans
la réforme. Dans le cadre de notre brève interprétation de la
vie de Farel, nous avons découvert de nombreux acteurs clés
ainsi que des institutions nécessaires pour la progression de
la réforme française. Sans vouloir insister outre mesure sur
les institutions sociales et politiques au détriment des idées,
on se doit de saluer les nombreux individus, ainsi que les
institutions et mouvements qui ont eu un rôle décisif dans
le récit de la vie de Farel et de la réforme française. Par
conséquent, nous avons souligné la personne de Lefèvre, le

cercle humaniste de Bâle, la situation politique de Strasbourg, l'interaction avec les théologiens de Zurich et, en particulier, la protection continue de Farel assurée par les Bernois, lors de ses tournées de prédication. Considérer l'œuvre de Farel en omettant de prêter une attention suffisante à cette foule d'autres facteurs conduit à une narration simpliste, avec Farel et Calvin comme les seuls instruments notables de la réforme francophone. Heureusement, l'érudition des dernières générations a beaucoup contribué à présenter la réforme française avec plus de réalisme.

Outre un appel à accorder une plus grande attention au réseau des réformateurs et des institutions entourant la personne de Farel, il convient d'en dire plus sur les déclarations présentant un Farel « destructif » et non « constructif ». Certes, ce point de vue de son œuvre ne date pas seulement du xixᵉ ou du xxᵉ siècle. Au contraire, nombre de ses collègues estimaient quelque chose de vaguement similaire, y compris Farel en personne. Cependant, il se peut que leurs opinions ne soient pas tout à fait exactes. Farel avait manifestement beaucoup à dire sur ce qu'il considérait être de l'« idolâtrie » catholique, mais il fut aussi la source du réseau de base des églises réformées et des prédicateurs réformés en Suisse francophone. Il incita un grand nombre des principaux réformateurs français dans les cantons suisses à prendre leurs fonctions dans les années 1520 et 1530. Nous le voyons faire la transition de « prédicateur » à « pasteur » à plusieurs moments clés de sa vie, et pas seulement ultérieurement.

En second lieu, même s'il n'avait été que « prédicateur », il ne serait pas approprié de le considérer comme ayant accompli une œuvre « destructive ». Une fois de plus, sa prédication comportait beaucoup d'éléments visant à la « destruction » de ce qu'il considérait être une fausse religion. Néanmoins, sa théologie était majoritairement « constructive », son objectif déclaré étant non seulement de démolir, mais également d'œuvrer à la reconstruction de la foi de ses auditeurs sur la base de la « Parole pure de Dieu ».

Ce deuxième élément pourrait aussi nous permettre d'éclaircir les zones d'ombre concernant la « mission » dans la tradition calviniste. Pendant de nombreux siècles, beaucoup ont affirmé que « les calvinistes » étaient particulièrement mal équipés pour les missions et l'évangélisation, notamment à cause de leur « repli sur soi ». Nul doute que la conception calviniste de la prédestination, en opposition à la tradition qui met un accent apparemment plus fort sur le « libre arbitre » et le choix dans la foi, a affecté les églises réformées et presbytériennes dans leur travail d'évangélisation. Sans se prononcer sur la tradition ou la pratique réformée subséquente (ou une caricature de ces dernières), ce point de vue est certainement erroné quant à la compréhension de Farel. Pour le meilleur ou pour le pire, toute la carrière de Farel est caractérisée par son appel incessant, verbal, et passionné, à placer sa foi dans les mérites de Jésus-Christ et de personne d'autre, comme l'enseigne explicitement l'Écriture. La Suisse sera souvent évoquée par les générations futures d'évangéliques comme un centre accueillant, mais l'expérience de Farel dans cette même région révèle des dizaines de villes qui furent souvent profondément hostiles à son message. En outre, en tant que Français, il fut certainement très conscient de son statut de missionnaire « étranger » tout au long de sa carrière.

Cette critique de Schaff et d'autres biographes ne vise pas à minimiser sa passion ou à lisser ses aspérités, mais à nous permettre de comprendre son histoire. Il n'était pas non plus un simple « précalviniste » (comme le travail de Lefèvre d'Étaples à Meaux dans les années 1520 qui fut souvent considéré comme la préréforme en France), mais il était un homme pouvant être considéré séparément. Il est d'ailleurs curieux que cette personne, qui a autant fait preuve d'indépendance tout au long de sa carrière, ne puisse être comprise en dehors de la théologie de Calvin. Si l'image du « bulldozer » n'est pas tout à fait appropriée, il nous semble plus utile d'imaginer Farel avec une personnalité comparable à celle des plus passionnés des prophètes de l'Ancien Testament.

L'ÉCRITURE, LA VOLONTÉ DE DIEU, ET LA VRAIE JUSTICE

La grande satisfaction de Farel liée à l'enseignement de l'Écriture était évidente à l'époque de ses études à Paris ; toutefois, elle s'affirma au contact d'autres réformateurs. La mission de sa vie fut distincte assez tôt dans sa carrière : donner à son prochain l'occasion de lire l'Écriture de la même manière qu'il en avait l'occasion. Le facteur déterminant dans cette lecture était la *clarté* fondamentale de l'Écriture sur la question du salut.

Par exemple, considérons la théologie du *Sommaire*, son petit manuel doctrinal. Le chapitre quatorze, portant sur la doctrine et les traditions humaines, est capital, car il ouvre la voie à l'essentiel du *Sommaire*. Farel porte un jugement critique sur les traditions humaines :

> *Toute doctrine humaine qui se mêle des choses de Dieu se rapportant au salut de l'âme, à l'adoration et au service de Dieu n'est autre chose qu'une abomination devant Dieu, que vanité et mensonge ; c'est une doctrine diabolique, une erreur et une vaine tromperie par laquelle Dieu est servi en vain. Elle provoque l'ire de Dieu sur ceux qui l'observent, à un point tel qu'il les abandonne à leur sens réprouvé. Ils servent ainsi la créature et non le Créateur.*

Cette perception de la tradition humaine comme n'étant pas neutre ou indifférente est un thème inhérent aux écrits de la Réforme française en général : tous les aspects du culte doivent être strictement limités à ce qui peut être prouvé par l'Écriture. En effet, Farel soutient que « plus la doctrine humaine présente l'aspect et la forme de la sainteté, plus elle est dangereuse ». Le seul test convaincant de la bonne utilisation des aspects externes du culte est l'examen de l'Écriture : on ne peut connaître la plante qu'en considérant ses racines.

Dans la pensée de Farel, la volonté et le cœur humains sont fondamentalement pécheurs ; le péché affecte tous les aspects de la vie humaine. Dans le chapitre deux du *Sommaire*, Farel écrit : « L'homme est méchant, ne pouvant rien, fou et téméraire, ambitieux, plein de fausseté et d'hypocrisie, inconstant, variable, ne pensant qu'au mal et au péché, dans lequel il est né et a été conçu. » Farel établit manifestement le lien entre l'entêtement originel d'Adam dans la désobéissance et la corruption perpétuelle de sa descendance, la race humaine. Farel fait valoir que les humains sont incapables de mériter la grâce de Dieu : ils aggravent leur cas continuellement aux yeux de Dieu. Pour cette raison, Jésus-Christ, lui qui fut capable de soumettre sa volonté à celle de son Père, s'est chargé du péché de l'humanité afin de réconcilier le monde avec son Père. Il est intéressant de noter que Farel mentionne, à plusieurs reprises, que Dieu n'a pas sauvé le monde par amour pour nous, mais par « amour pour lui-même ». Naturellement, Farel rejette donc toute idée selon laquelle les bonnes œuvres de l'homme peuvent lui faire mériter la grâce de Dieu.

Farel écrit que l'homme ne peut vivre devant Dieu que par la foi. Quand il parle de justice, les thèmes suivants sont mis en évidence : « La justice est la véritable image de Dieu qui affiche la régénération produite par la Parole de Dieu, reçue par la foi, et inscrite dans les cœurs des fils de Dieu. Par elle, l'homme, mort à lui-même et ayant renoncé à toutes choses, aime Dieu par dessus tout. Son cœur est établi sur la sainte loi, arraché à toutes les choses terrestres, et désirant ardemment les choses célestes. »

C'est un point intéressant à noter, cette simple théologie en « noir et blanc » de Farel. Dans ses écrits, on est frappé par la simplicité apparente des problèmes de la vie religieuse. On note un contraste fondamental entre l'enseignement catholique romain condamnable et la position explicite de l'Écriture. Le problème est qu'au fil du xvie siècle, d'autres lectures de passages clés de l'Écriture seront présentées, à la fois par les réformés et les catholiques. Farel ne fait certainement pas partie de la génération suivante d'érudits réformés qui réclame une perspective systématiquement nuancée et raffinée sur l'ensemble des sujets bibliques et théologiques à débattre.

LES SACREMENTS

Dès le début de sa carrière de réformateur, Farel remarque que les sacrements ont été particulièrement tordus dans la pensée et la pratique catholiques. « Une restauration et une réforme véritables de l'Église, écrit-il, ne se produiront qu'à la condition de prendre et d'administrer la pure Parole de Dieu et ses saints sacrements en toute pureté et en toute simplicité, comme il se doit. » Au-delà de la réduction du nombre de sacrements commandés par le Seigneur de sept à deux (le baptême et la sainte Cène), Farel fait valoir que les autres sont particulièrement enclins à être abusés. Le baptême est, certes, réservé aux croyants et à leurs enfants, mais en aucun cas il ne doit être interprété dans un sens magique ou idolâtre. On doit l'interpréter et le célébrer dans le cadre des promesses bibliques. Farel apporte l'une des premières contributions au culte réformé avec la brève liturgie qu'il rédige pour la célébration des baptêmes.

Plus que le sacrement du baptême, l'Eucharistie catholique est, selon Farel, la quintessence de l'orgueil humain et de l'illusion diabolique. Farel la voit comme une invention humaine servant à remplir les poches de la hiérarchie catholique tout en asservissant le fidèle. Le latin « marmonné » qui l'accompagne est incompréhensible pour le commun des mortels présent. L'idée de transsubstantiation (la doctrine selon laquelle l'apparence du pain et du vin demeure, même si la « substance » devient le corps et le sang de Christ) est un pur « sophisme ». Par-dessus tout, la déclaration majeure de la théologie catholique concernant la messe apparaît à Farel comme impliquant un nouveau sacrifice de Christ, une idée qu'il trouve répugnante à la lumière du sacrifice de Christ accompli « une fois pour toutes », selon Hébreux 9 – 10.

Toutefois, ce n'est pas uniquement l'enseignement catholique sur les sacrements qui tourmente Farel. La chose est beaucoup plus vaste. Il y a du vrai dans l'idée que l'enseignement de Luther sur la justification par la grâce seule, par le moyen de la foi seule, n'est pas, dans la pratique, la ligne de démarcation entre les différentes traditions ecclésiales issues du xvie siècle. Le point de division réel se situe plutôt dans les interprétations divergentes sur les sacrements, en particulier la sainte Cène. Bien avant que la menace d'un catholicisme renouvelé et d'un luthéranisme ciblé ne contraigne la Suisse réformée à travailler à un front uni, dans la fin des années 1540, de l'encre aura abondamment coulé sur ces sujets.

Huldrich Zwingli, le réformateur de Zurich, a fait exception à l'enseignement de Luther sur la présence de Christ dans la sainte Cène. En dépit de son rejet tonitruant de la théologie des « œuvres » de l'Église catholique, Luther s'entête à faire valoir le fait que Christ est présent dans le pain et le vin, même si, à son avis, il ne s'agit pas d'un mélange métaphysique et scripturaire, comme pour la transsubstantiation catholique. Bien que les théologiens utilisent plus tard le terme malencontreux de « consubstantiation » pour décrire l'enseignement sacramentel de Luther, il ne fait aucun doute qu'il avança que le pain et le vin, *ainsi que* le corps et le sang de Christ, sont vraiment présents en substance.

Zwingli, pour sa part, s'interroge sur la logique de la théologie de Luther et la nécessité de ses conclusions. Tout d'abord, il soutient généralement que la théologie de Luther n'est rien d'autre qu'une variation édulcorée de la transsubstantiation. Selon Zwingli, Luther et ses disciples ont dû inventer autant de faux rapports théologiques pour défendre son argument, à l'instar des théologiens Pierre Lombard et Thomas d'Aquin, de la période médiévale. Plus important encore, il nie le fait que la présence *substantielle* de Christ dans le pain et le vin soit même nécessaire. En s'appuyant sur sa lecture de Jean 6, Zwingli met en relief que la présence substantielle ou *corporellement* divine dans le pain et le vin n'est pas une nécessité malgré les paroles de Christ : « Ceci est mon corps ». Au contraire, comme pour tant d'autres expressions employées dans l'Écriture, Christ a voulu dire : « Cela *signifie* mon corps. » Selon Zwingli, la conclusion est évidente. L'on doit retenir le fait que c'est par le moyen de la foi que l'on est sauvé en Christ, plutôt que par l'action de manger la chair présumée de Christ dans l'eucharistie. Le pain et le vin ne sont pas les instruments détenant le pouvoir d'absoudre les péchés du participant ; en revanche, ils sont, selon l'avis de Zwingli, un rappel de la souffrance de Christ.

Farel examinera les enseignements de Luther, mais prendra le parti de Zwingli au début de sa carrière. Cela dit, il ne se contentera pas de simplement répéter, comme un perroquet, cette pensée, ou celle de Calvin (plus tard dans sa carrière). En l'étudiant de plus près, nous voyons

Farel proposant une sorte de voie médiane qui va si bien caractériser les traitements magistraux de Calvin relatifs aux sacrements, au cours des années suivantes. La clé de la contribution de Farel est dans l'action de l'Esprit Saint. La manière appropriée de comprendre la présence de Christ dans la sainte Cène ne se rapporte pas tant à la façon dont Christ descend vers nous. Elle concerne plutôt l'élévation du croyant vers Christ. En utilisant l'ancienne idée du *sursum corda* (du latin : « élevez vos cœurs »), Farel en déduit que le véritable pouvoir de la sainte Cène vient de l'Esprit qui nous élève à l'endroit où le Christ est vraiment. La puissance de cette idée est qu'elle permet d'éviter la nécessité d'avoir le Christ *substantiellement* présent dans la sainte Cène sur terre, tout en étant *réellement* présent dans le croyant, grâce à l'œuvre de l'Esprit Saint. En outre, cela signifie que la sainte Cène n'est pas un simple symbole ou un mémorial. Quelque chose se produit : la sainte Cène est un instrument utilisé par l'Esprit pour permettre au croyant de communier véritablement avec le Christ ressuscité.

LA SPIRITUALITÉ DE FAREL

Notre brève étude s'achève sur un commentaire de la vie de Farel dans la présence de Dieu. Certains ont dit que la réforme de Farel était principalement une réforme de prière. Concernant tout ce qui se « marmonnait », se chantait et se disait dans les églises catholiques de sa jeunesse, Farel soulignera l'absence d'une véritable communication avec Dieu. Tant d'importance était accordée à ce qui était extérieur et formel qu'il y avait peu de moyens de conversation réelle. Cela est particulièrement vrai dans l'intensification de l'importance accordée aux actes de dévotion des derniers siècles du Moyen Âge : tous les types de pèlerinage, de vénération des reliques, de dévotions mariales, de méditations sur la Passion du Christ, d'exercices de pénitence, de l'utilisation du rosaire, et de l'observance des stations du chemin de croix seront entièrement développés au début du XVIe siècle. En outre, au cours de ces siècles, on notera la division grandissante entre le travail des prêtres et celui de la personne commune : le prêtre effectue une grande partie de la liturgie courante dans une langue étrangère et à voix basse. Farel verra que l'importance accordée à la compréhension des laïcs est réduite, tandis que l'accent est progressivement placé sur le fait d'observer le prêtre s'acquitter de ses tâches religieuses. Cette tendance ne concerne pas tous les catholiques de cette époque, mais semble correspondre à ce que Farel a connu dans sa jeunesse.

En commençant à saisir les idées d'une réforme de l'Église, Farel verra notamment l'impact pratique sur les prières des fidèles. Comme Luther et beaucoup d'autres réformateurs, Farel se passionnera bientôt pour la prière en langue courante. Nous verrons cette passion prendre forme dans la formulation de liturgies française, mais aussi dans son travail sur la Bible en français, le livre de prières ultime.

Dès le début de sa carrière, Farel verra l'importance d'une prière appropriée. Dans son petit manuel sur le Notre Père, il écrira :

Et lorsque notre foi tient compte uniquement des profondeurs de la bonté divine, selon toute la miséricorde et la bonté de Dieu, l'un des fruits les *plus nobles qu'elle produit est la prière : l'élévation de l'esprit et la compréhension de Dieu. Mais étant donné que nous ignorons ce que nous devons demander et comment formuler notre prière, ainsi qu'il est écrit dans Romains, le bon Jésus, qui fut si profondément humilié pour nous, a voulu nous montrer comment prier, quant à la forme et à la manière. Il nous a commandé de prier ainsi : «Notre Père, qui est».* Par conséquent, nous devons tous dire cette prière avec un très profond respect et beaucoup d'humilité de cœur, ainsi qu'une très grande ferveur d'esprit, et réfléchir à chaque parole prononcée dans la prière. Nous devons le faire pour l'honneur de celui que nous prions, oui, de celui qui nous a indiqué cette façon de prier. Jusqu'à présent, les brebis de Dieu ont reçu une très mauvaise instruction dans ce domaine-là, en raison de la grande négligence des bergers, qui doivent les instruire à prier dans une langue compréhensible, au lieu de murmurer seulement du bout des lèvres sans rien y comprendre.*

Théodore van Raalte, historien en théologie, a raison de dire que Farel « combine ici la compréhension rationnelle avec les profondeurs de la passion ». Être en mesure de comprendre sa propre prière établit un lien direct avec l'adoration et l'honneur que l'on voue à la personne à qui l'on adresse ses prières. Cela rappelle aussi à celui qui prie que toute existence, surtout quand il s'agit de la vie d'un réformateur zélé, ne peut pas s'accomplir par la capacité humaine seulement, mais par la miséricorde et la bonté de Dieu.

Lectures complémentaires

SUR LES ÉCRITS DE FAREL

Bien que les écrits publiés par Farel soient modestes comparés à ceux de Calvin, ils sont tout de même bien répandus à leur époque, et plusieurs seront même réimprimés. La plupart des œuvres de Farel resteront disponibles uniquement dans les versions originales du XVIᵉ siècle ou dans les microfiches du même siècle, jusqu'à très récemment. Certaines seront réimprimées au XIXᵉ siècle et au début du XXᵉ siècle, mais il faudra attendre les dernières décennies pour que la plupart puissent être distribuées au grand public. Les travaux de Farel sont de plus en plus disponibles en version numérisée sur Google Books et prdl.org (projet de livres numériques sur la postréforme). En outre, une publication de ces originaux accompagnés d'une critique très pertinente, éditée par R. Bodenmann, paraîtra à intervalles réguliers chez l'éditeur Genevois Droz, dans les années à venir (un volume paru à ce jour). Enfin, deux projets très récents ont permis la mise à disposition de traductions fiables de certains textes clés en anglais, pour la première fois. *Sommaire* est inclus dans *Reformed confessions of the 16th and 17th centuries* (James Dennison, vol. 1, RHB, 2008). En outre, plusieurs des premiers textes de Farel, y compris une autre version de *Sommaire*, sont traduits dans la deuxième partie de *Early French Reform* (J. et T.Van Zuidema Raalte, Aldershot, Ashgate, 2011 ; voir la bibliographie de ce volume pour une liste de tous les écrits de Farel disponibles en plusieurs langues).

À PROPOS DE FAREL

Un étudiant désireux d'en savoir plus sur Farel peut consulter les documents suivants :

FAREL, Guillaume, 1489-1565, *Biographie nouvelle*, Neuchâtel, Paris, 1930.

JACOBS, Elfriede, *Die Sakramentslehre Wilhelm Farels*, Zurich, TVZ, 1979.

BARTHEL, Pierre, Rémy Scheurer, Richard Stauffer, éd., *Actes du colloque Guillaume Farel*, Genève, « Cahiers de la revue de théologie et de philosophie », 1983.

HIGMAN, F., *Lire et découvrir*, Genève, Droz, 1998.

WHITE, Robert, « An Early Doctrinal Handbook: Farel's *Summaire et briefve declaration* », *Westminster Theological Journal 69.1*, printemps 2007, p. 21-38.

BRÜNING, Micheal, *Calvinism's First Battleground*, Dordrecht, Springer, 2005.

ZUIDEMA, J., T. Van Raalte, *Early French Reform*, Aldershot, Ashgate, 2011.

LÉCHOT, Pierre-Olivier, Jean-Daniel Morerod, Loris Petris, Frédéric Noyer, éd., « Cinq siècles d'histoire religieuse neuchâteloise. Approches d'une tradition protestante », *Actes du colloque de Neuchâtel*, 22-24 avril 2004, Neuchâtel, Université de Neuchâtel, Genève, Librairie Droz, 2009.

LÉCHOT, Pierre-Olivier, « L'impact de la prédication évangélique à Neuchâtel (1529-1530) », dans *Annoncer l'Évangile. Permanences et mutations de la prédication (XV-XVIIᵉ siècles)*, M. Arnold, éd., Paris, Éditions du Cerf, 2006, p. 329-350.

FICK, J. G., *Le Sommaire de Guillaume Farel*, réimpr. d'après l'édition de l'an 1534, University of Michigan, 1867, < https://archive.org/details/lesommairedegui00faregoog > (page consultée le 3 février 2015).

« **Publications Chrétiennes inc.** » est une maison d'édition québécoise fondée en 1958. Sa mission est d'éditer ou de diffuser la Bible ainsi que des livres et brochures qui en exposent l'enseignement, qui en démontrent l'actualité et la pertinence, et qui encouragent la croissance spirituelle en Jésus-Christ.

PUBLICATIONS
CHRÉTIENNES

Pour notre catalogue complet :
www.publicationschretiennes.com

Publications Chrétiennes inc.
230, rue Lupien, Trois-Rivières, Québec, CANADA – G8T 6W4
Tél. (sans frais) : 1-866-378-4023, Téléc. : 819-378-4061
commandes@pubchret.org

www.ingramcontent.com/pod-product-compliance
Lightning Source LLC
Chambersburg PA
CBHW071351090426
42738CB00012B/3078